MANFRED LÜER · STEPHAN REINHARDT

MIT FOTOGRAFIEN
VON

ANDREAS DURST

PFALZ

WEINE · WINZER · WEINLANDSCHAFTEN

SCHERZ

www.fischerverlage.de

Erschienen bei Scherz, ein Verlag
der S. Fischer Verlag GmbH, Frankfurt am Main
© S. Fischer Verlag GmbH, Frankfurt am Main 2009
Foto Seite 6: Florian Bolk
Lagen-Karten: Golden Section Graphics, Berlin
Satz: H & G Herstellung, Hamburg
Litho: Die Litho, Hamburg
Druck und Bindung: Himmer, Augsburg
Printed in Germany

ISBN 978-3-502-15174-6

Inhalt

Stuart Pigott
Vorwort 6

Unsere
TOP TEN 8

PFALZ
Zum Wohl!

Stephan Reinhardt
SÜDLICHE PFALZ 11

Manfred Lüer
NÖRDLICHE PFALZ 55

Register 96

Die Prinzessin rockt

Zu Beginn der 1990er-Jahre brachte die Zeitschrift »Der Feinschmecker« einen Bericht über die Pfalz, der das Gebiet als »Toskana Deutschlands« bejubelte. Etwa zwölf Jahre später behauptete ein Pfälzer Jungwinzer mir gegenüber, die Toskana sei »die Pfalz Italiens«. Seine selbstbewussten Worte sagen alles über den unaufhaltsamen Aufstieg der Pfalz. Ihr ist ein überraschender Rollentausch gelungen: Aschen-

puttel spielt Prinzessin, und alle tun so, als sei sie schon immer Prinzessin gewesen!

Die Pfalz, die ich 1974 als Austauschschüler kennenlernte, war eine ganz andere. Mit Familie Sommer (nochmals danke!) fuhr ich von ihrer Ludwigshafener Hochhaus-Wohnung aus die Deutsche Weinstraße entlang durch ein Rebenmeer. Die selbstbewusst-historischen Orte an dieser Route boten eine entspannte Abwechslung zur städtischen Öde und den Schornsteinen der Ludwigshafener Chemie-Industrie.

Damals war das Gebiet vorwiegend Lieferant von günstigen Gewächsen, die bescheidene Alternative zu den teureren, wärmespendenden Weinen von südlich der Alpen. Nur die viel zitierten »Drei Bs« – die großen Weingüter Dr. Bürklin-Wolf in Wachenheim, Dr. von Bassermann-Jordan und Reichsrat von Buhl in Deidesheim –

und ein paar weitere Güter mit imponierenden Anwesen schafften es, diesem Muster zu trotzen und Rheingau-artiges Profil zu zeigen; aber auch das bei deutlich niedrigeren Preisen. Im Gebiet standen sie vorn, im internationalen Kontext spielten sie bestenfalls in der zweiten Liga.

Inzwischen ist es jedoch ganz klar, dass Deutschland einen Superstar gefunden hat, und der ist mit charismatischen Großen Gewächsen reichlich ausgestattet. Die Zahl der Neider in den anderen Anbaugebieten ist beachtlich, denn auch die einfacheren Pfälzer Weine haben gewonnen.

Eigentlich ist die Pfalz, obwohl hier die römischen Anfänge des Weinbaus liegen, ein durch und durch modernes Weingebiet, und der neuere Teil seiner Geschichte ist oft von starker Dynamik geprägt. Junge, ehrgeizige Winzer geben ihren Familienbetrieben neuen Schwung und wagen es, besondere Weine zu erzeugen, wo es vorher nur bescheidene Tischweine gab. Auch bei der Vermarktung zeigen sich die Jungwinzer wesentlich erfinderischer als ihre Eltern und verstehen Wein als Teil der Popkultur.

Schon vor Beginn der Klimaerwärmung war es hier warm und damit gut geeignet für den Weinbau – so lange extreme Trockenheit oder Hagel nicht einen Strich durch die

Rechnung machten. Bereits als Teenie fiel mir auf, dass die Pfälzer Weindörfer nicht nach Hungerzeiten aussahen, sondern eher nach meist reichlich gefüllten Tellern. Das wurde bei den Sommers bestätigt, auch wenn manche der Pfälzer Spezialitäten für den jungen Stuart Pigott ein ziemlicher Kulturschock waren. Längst habe ich diese robuste, geschmacksintensive Regionalküche lieben gelernt und gönne mir in meiner Berliner Heimat regelmäßig eine Dosis davon (in den Kurpfalz-Weinstuben an der Wilmersdorfer Straße).

Dass Pfälzer Weine meistens großzügig daherkommen, überrascht in Hinblick auf Klima und Kultur wahrscheinlich nicht so sehr wie ihre animierende Frische. Kein Wunder, dass der Pfälzer Schoppen mit einem halben Liter der größte Deutschlands ist. Das liegt aber nicht nur an der Zechlust der Weinfreunde, sondern auch an der Ausgewogenheit der Weine, die einen solchen Konsum erst möglich machen. Oder würden Sie einen halben Liter von einem breiten, plumpen Wein ohne Spiel trinken wollen?

Es ist erstaunlich, wie stark die riesige Pfalz zusammenhält, trotz aller internen Konkurrenz. Für »Wein spricht deutsch« war die Aufgabe, ihre gigantische Vielfalt zu beschreiben, eindeutig zu groß für einen Autor, und ich habe sie deswegen Stephan Reinhardt und Manfred Lüer anvertraut. Stephan Reinhardt hat den Süden und die berühmten Weinbaugemeinden bereist, Manfred Lüer die Landstriche von Bad Dürkheim bis zur Grenze zu Rheinhessen. Für den vorliegenden Weinreiseband wurden die Texte der beiden Autoren überarbeitet, aktualisiert und um weitere empfehlenswerte Winzer und persönliche Restaurant- und Hotelempfehlungen ergänzt. Der Fotograf Andreas Durst und der Kartograph Jan Schwochow illustrieren auf einzigartige Weise das besondere Wesen dieser Landschaft, das sich in den Weinen widerspiegelt.

Lange Zeit wurde die Südpfalz abfällig »Süßpfalz« genannt, weil hier während der Nachkriegszeit auf Süße gesetzt wurde, um dünne und billige Weinchen besser zu verkaufen. Inzwischen findet man in der südlichen Pfalz gute trockene Weine, und jedes Jahr wagen ein paar mehr Betriebe den Sprung von soliden Weinen zu wirklich guten, charakterstarken Gewächsen.

Die Umstellung vieler führender Betriebe auf ökologischen oder biodynamischen Weinbau während der letzten Jahre ist sicher zukunftsweisend, regional wie überregional. Nachhaltiges Wirtschaften wird in den nächsten Jahren immer wichtiger werden, nicht zuletzt wegen der Klimaerwärmung. Auch da ist zu erwarten, dass die Pfalz eine bedeutende Rolle spielen wird.

Aber unabhängig davon, worüber ich bei meinem nächsten Besuch in der Pfalz mit den Winzern reden und welche Weine ich mit ihnen verkosten werde, weiß ich genau, dass ich irgendwann und irgendwo zwischen Bockenheim und Schweigen stehenbleibe und denke: »Wie schön!« Für mich ist die Pfalz seit langem eine Prinzessin.

Ihr

Stuart Pigott

Unsere TOP TEN

RUND UM DEN DONNERSBERG 1

Der höchste Berg der Pfalz. Mit Plateau, Aussichtsturm, Keltenmuseum, Keltenwall und einer formidablen Aussicht auf Nordpfalz und Rheinhessen.
www.donnersberger-kelten.de

BAD DÜRKHEIMER WURSTMARKT 2

Was den Münchnern ihr Oktoberfest, ist den Pfälzern der Bad Dürkheimer Wurstmarkt. Das größte Weinfest der Welt vereint jeweils am zweiten und dritten Septemberwochenende die Pfälzer Grundnahrungsmittel Worscht, Woi und Wahnsinnsstimmung. Heino, die Kanzlerin – kaum jemand von Bedeutung, der sich hier noch nicht der Pfälzer Lebensart ausgeliefert hätte. Den Wurstmarkt sollte man daher gesehen und mindestens zwei Stunden lang ausgehalten haben.
www.duerkheimer-wurstmarkt.de

RÖMERVILLA WEILBERG BEI BAD DÜRKHEIM-UNGSTEIN 3

Römisches Weingut Weilberg mit fast 2000-jähriger Kelteranlage der Römer. Hier liegen die Wurzeln des Pfälzer Weinbaus!

**Tourist Information
Bad Dürkheim**
Kurbrunnenstraße 14
D-67098 Bad Dürkheim
Tel. +49 (0)63 22/9 56 62 50
Fax +49 (0)63 22/9 56 62 59
E-Mail:
stadtverwaltung@bad-duerkheim.de
www.bad-duerkheim.com

DIE AUTOFREIE WEINSTRASSE 4

Einmal im Jahr an einem Sonntag im August fährt kein Auto mehr zwischen Bockenheim und Schweigen. Die Straßen gehören Fußgängern, Inlineskatern und Fahrradfahrern. Eine fast 100 Kilometer lange autofreie Zone erstreckt sich vom Norden der Weinstraße, Anlaufpunkt ist das Haus der Deutschen Weinstraße, bis in den Süden, zum Deutschen Weintor. Für bis zu 400 000 Begeisterte öffnen Winzerhöfe, Einkaufspassagen und unterhalten Kulturveranstaltungen.
www.deutsche-weinstrasse.de

PFÄLZER SAUMAGEN 5

Den »Gipfel aller Schlachtgenüsse« hat Altkanzler Helmut Kohl berühmt gemacht. Der Pfälzer Saumagen – gesotten oder gebraten – ist tatsächlich eine traditionsreiche Delikatesse, aber natürlich kein Saumagen. Ein solcher – fein säuberlich geputzt – bildet lediglich die Hülle und birgt ein dreieinhalb Stunden bei 70° C gegartes Gericht aus extrem magerem Schweinefleisch, gekochten Kartoffelwürfeln, Schweinemett, Salz, Pfeffer, Koriander sowie echt Thüringer (!) Majoran. Saumagen schmeckt am besten in gebratenen Scheiben zu Kartoffelbrei und Sauerkraut. Gute Ware – neben Hausmacher Leber- und Blutwurst, Schwartenmagen, Bratwurst und Leberknödel eben auch Saumagen – gibt es bei Hambels in Wachenheim, Kohls weltberühmtem Haus- und Hoflieferant.

Metzgerei Hambel
Hintergasse 1
D-67157 Wachenheim
Tel. +49 (0)63 22/46 13
Fax +49 (0)63 22/6 88 09
E-Mail: info@metzgerei-hambel.de
www.metzgerei-hambel.de
Rezepte auf:
www.pfaelzer-saumagen.com

MUSEUM FÜR WEINKULTUR IN DEIDESHEIM 6

Im wunderschönen historischen Rathaus wurde 1986 das Museum für Weinkultur eröffnet. Auf einzigartige Weise wird hier dokumentiert, in welch vielfältiger Beziehung der Mensch zum Wein steht.

Historisches Rathaus
Am Marktplatz
D-67146 Deidesheim
Tel. +49 (0)63 26/98 15 61
www.deidesheim.de

SPEYER 7

Kein Ausflug in die Pfalz ist komplett ohne Besichtung der historischen Stadt Speyer. Der Dom zu Speyer gehört zu den ältesten romanischen Kirchen der Welt. Die Stadt selbst war eines der kulturellen Zentren des Heiligen Römischen Reiches Deutscher Nation. Für die entdeckungsfreudige Jugend bietet Speyer zwei große Besonderheiten: Das Technik Museum und Sea Life, eine Unterwasser-Erlebniswelt.
www.speyer.de
www.dom-speyer.de
Sea Life Speyer
Im Hafenbecken 5
D-67346 Speyer
Tel. +49 (0)18 05/66 69 01
E-Mail:
slcspeyer@merlinentertainment.biz
www.sealifeeurope.com
Technik Museum Speyer
Am Technik Museum 1
D-67346 Speyer
Tel. +49 (0)62 32/6 70 80
Fax +49 (0)62 32/67 08 20
www.technik-museum.de

HAMBACHER MUSIKFEST 8

Kammermusikfestival in der Fronleichnamwoche mit nationalen und internationalen Künstlern. Besonders eindrucksvoll sind die Aufführungen im Hof des Hambacher Schlosses mit einer spektakulären Aussicht auf die Rheinebene.

Förderkreis Hambacher Musikfest e. V.
Ahornweg 7
D- 67434 Neustadt-Hambach
Tel. +49 (0)63 21/9 20 43
Fax +49 (0)63 21/89 97 82
E-Mail:
konzerte@hambachermusikfest.de
www.hambachermusikfest.de

VILLA LUDWIGSHÖHE 9

König Ludwig I. von Bayern, der seinerzeit über die Pfalz herrschte, liebte keinen Ausblick so wie den von der Rietburg auf die Rheinebene. Darum ließ er sich am Fuß des Berges Schloss Ludwigshöhe bauen. Die klassizistische Villa wurde 1846 biss 1852 nach den Plänen des Architekten Wilhelm von Gärtner errichtet. Heute sind die original erhaltenen und restaurierten Räumlichkeiten für Besucher geöffnet. Außerdem beherbergt die Villa die Max-Slevogt-Galerie.
Schloss Villa Ludwigshöhe
Villastraße 65
D-67480 Edenkoben
Tel. +49 (0)63 23/9 30 16
Fax +49 (0)63 23/9 30 17
E-Mail:
villa-ludwigshoehe@burgen-rlp.de
www.burgen.rlp.de

WEINTAGE DER SÜDLICHEN WEINSTRASSE 10

Jedes Jahr Ende Mai bieten die Weintage der Südlichen Weinstraße in Landau einen Überblick über das Leistungsvermögen der noch immer zu wenig bekannten Südpfälzer Weinszene. Hier kann man hervorragende Weine von oft jungen Winzern zu bemerkenswert günstigen Preisen entdecken.
www.suedlicheweinstrasse.de

Unsere TOP TEN sind eine persönliche Auswahl von Orten und Ereignissen, die wir Ihnen gerne weiterempfehlen möchten. Die Numerierung stellt keine Bewertung dar.

PFALZ

Die Pfalz ist ein Paradies: 1800 und mehr Stunden Sonnenschein im Jahr, eine warme Jahresdurchschnittstemperatur von 10° Celsius, rund 40 Sommertage von mindestens 25° C, in der Regel gut verteilte Niederschlagsmengen von 500 bis 700 Millimeter und eine vor allem durch den Pfälzer Wald vor Wind und Wetter geschützte Lage im Oberrheingraben. Was da nicht alles wächst zwischen Rhein und Haardtrand, zwischen Schweigen im Süden und Bockenheim im Norden: Pfirsich-, Mandel- und Zitronenbäume, Oleander, Kiwis, Feigen, Weinreben mit prallen goldenen oder tiefdunklen Trauben.

Auch im Hinblick auf die Möglichkeiten des Weinbaus bleibt die Pfalz ein Paradies, wenn auch ein zum Teil ausgebeutetes. Die mit fast 23 000 Hektar nach Rheinhessen zweitgrößte Rebfläche Deutschlands brachte in den letzten zehn Jahren einen Durchschnittsertrag von 105 Hektoliter Wein pro Hektar. Das ist auf die maschinelle Bewirtschaftung der großen Flächen in der Rheinebene zurückzuführen und ebenso wenig verheißungsvoll wie die Tatsache, dass jede dritte Flasche deutschen Weins aus der Pfalz stammt. Während die anonymen Weinchen ihren Ursprung zumeist in der seit den 1960er- und 1970er-Jahren intensiv bewirtschafteten Ebene haben, findet man in den nach Osten hin abfallenden Hängen und Ausläufern des Haardtgebirges, das die Vogesen nach Norden hin fortsetzt, Kreszenzen, deren Güte über jeden Zweifel erhaben ist: Die hier gewachsenen Rieslinge, Weißburgunder, Chardonnay, Gewürztraminer, Muskateller, Rieslaner, Scheureben und Spätburgunder, zumeist trocken ausgebaut, können höchstes Niveau erreichen.

Das besondere Klima des Oberrheingrabens und die schier unendliche Vielfalt der Böden führt dazu, dass es in der Pfalz praktisch keine Rebsorte gibt, die es nicht gibt, und kaum eine, von der man sagen könnte, sie sei hier gänzlich fehl am Platz. Die genannten Sorten, ergänzt um Auxerrois, Grauburgunder, Silvaner und Sankt Laurent,

Zum Wohl!

Von Stephan Reinhardt
SÜDLICHE PFALZ

und

Manfred Lüer
NÖRDLICHE PFALZ

Rechts:
Buntsandsteinböden – seit
Jahrhunderten Garant für
feinrassige und elegante Rieslinge.

PFALZ

■ WEINANBAU   ■ STÄDTE & DÖRFER

Unsere Top Ten

PFALZWEIN E.V.
Martin-Luther-Staße 69
D-67433 Neustadt an der
Weinstraße
Tel. +49 (0)63 21/91 23 28
Fax +49 (0)63 21/1 28 81
E-Mail: info@zum-wohl-die-pfalz.de
www.zum-wohl-die-pfalz.de

SÜDLICHE WEINSTRAßE E.V.
An der Kreuzmühle 2
D-76829 Landau
Tel. +49 (0)63 41/94 04 07
Fax +49 (0)63 41/94 05 02
E-Mail:
info@suedlicheweinstrasse.de
www.suedlicheweinstrasse.de

DEUTSCHE WEINSTRAßE E.V.
Martin-Luther-Straße 69
D-67433 Neustadt an der
Weinstraße
Tel. +49 (0)63 21/91 23 33
Fax +49 (0)63 21/91 23 30
E-Mail:
verein@deutsche-weinstrasse.de
www.deutsche-weinstrasse.de

Kaiserslautern

PFALZ

Zell
Herxheim
Kindenheim
Bockenhein
Dirmstein

Grünstadt
Laumersheim
A6   Bissersheim
Großkarlbach
Herxheim   Freinshe
Leistadt   Kallstadt
Pfeffingen   Ur
Drachenfels ▲   Bad Dürkhe
571 m   Wachenhei
Odinstal   Forst
Deidesheim
Ruppert
Gimmeldingen   Königsbach
Haardt   Mussbach
Kalmit   Neustadt   Hasslocl
673 m   Hambach
▲
Maikammer   Kirrweiler
Ludwigshöhe   Duttweiler
605 m▲   Edenkoben
Rhodt
Burrweiler   Flemlingen
Gleisweiler
Gräfenhausen   Albersweiler
Frankweiler
Annweiler   Siebeldingen   Godramstein
Birkweiler
Leinsweiler   Landau   Belhe
▲
Kleiner Kalmit
270 m
Illbesheim
Herxheim
Klingenmünster   Rülzhe

A65

Bad Bergzabern
Rechtenbach   Kandel
Schweigen

Wissembourg
Staatsgrenze

FRANKREICH   Niederlauterbach

8° ÖSTL LÄNGE

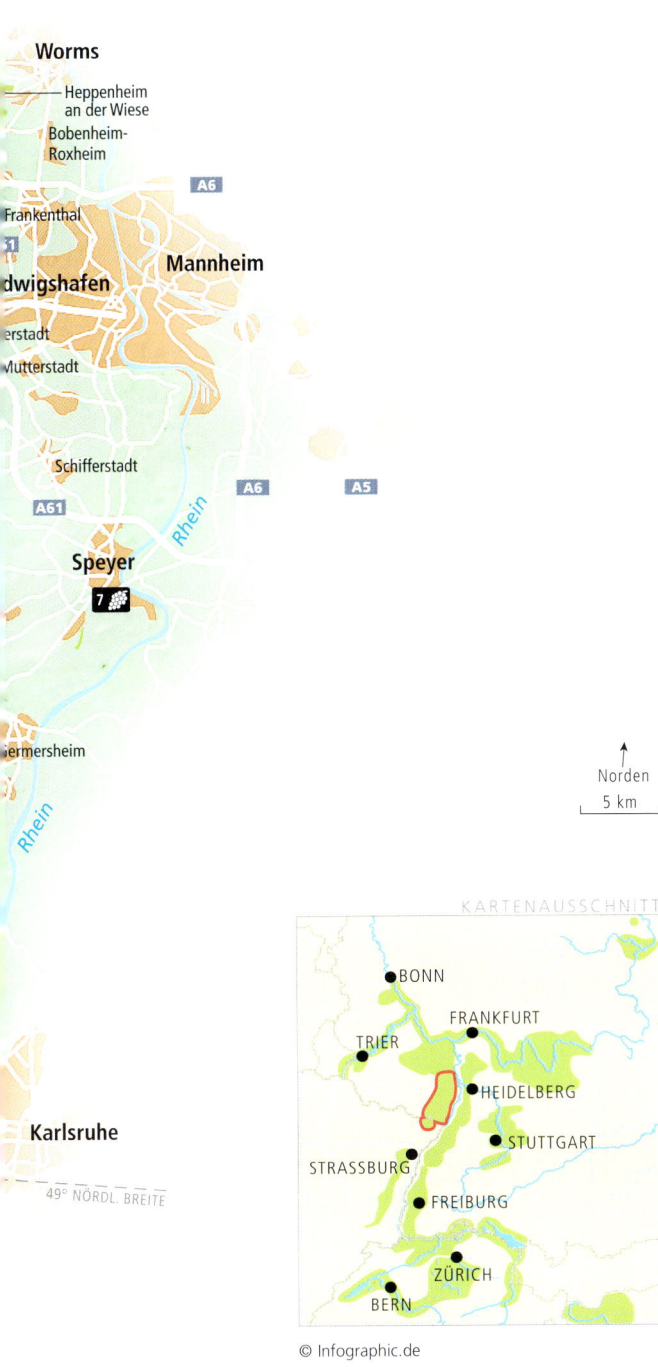

Worms

Heppenheim
an der Wiese
Bobenheim-
Roxheim

A6

Frankenthal

1

Mannheim

dwigshafen

erstadt

Mutterstadt

Schifferstadt

A6   A5

A61

Rhein

Speyer

7

ermersheim

Rhein

Karlsruhe

49° NÖRDL. BREITE

Norden
5 km

1 Donnersberg
www.donnersberger-
kelten.de

2 Bad Dürkheimer
Wurstmarkt
www.duerkheimer-
wurstmarkt.de

3 Römervilla Weilberg
www.bad-duerkheim.de

4 Autofreie Weinstraße
www.deutsche-wein
strasse.de

5 Pfälzer Saumagen
www.metzgerei-hambel.de

6 Museum für Weinkultur
www.deidesheim.de

7 Speyer
www.speyer.de

8 Hambacher Musikfest
www.hambachermusikfest.de

9 Villa Ludwigshöhe
www.burgen-rlp.de

10 Weintage der Südlichen
Weinstraße
www.suedlichewinstrasse.de

KARTENAUSSCHNITT

BONN

FRANKFURT

TRIER

HEIDELBERG

STUTTGART

STRASSBURG

FREIBURG

ZÜRICH

BERN

© Infographic.de

bringen die besten, Müller-Thurgau, Blauer Portugieser und Dornfelder, die zusammen ein Viertel der Gesamtrebfläche einnehmen, die meisten Weine hervor. Sauvignon blanc boomt und selbst Syrah, Cabernet, Merlot und sogar Tempranillo finden zu ansprechender Form: Die originellsten sind seltener süße Schmuseweine als feinfruchtige Weine mit subtiler bis rassiger Säurefrische. Auch die Weinsberger Cabernet-Neuzüchtungen Cubin, Mitos und Dorsa sowie der Acolon kommen zur Anwendung.

Nicht zu vergessen sind die im traditionellen Flaschengärverfahren erzeugten Sekte und Winzersekte der Pfalz! Sie sind zahlreich, fein und köstlich, mit die besten kommen vom WEIN- UND SEKTGUT WILHELMSHOF in Siebeldingen, der schicken SEKTKELLEREI ANDRES & MUGLER in Ruppertsberg sowie vom Weingut Reichsrat von Buhl in Deidesheim.

> ■ Alles, was Spaß macht,
> ein Kessel Buntes – das ist
> die Pfalz!
> Theo Minges,
> Winzer in Flemlingen

Trotz dieser enormen Vielfalt, den Ausmaßen der Weinbaufläche und der erzeugten Weinmenge handelt es sich definitiv um ein geschlossenes Gebiet. Kaum woanders im deutschsprachigen Raum gibt es ein stärkeres Bewusstsein für regionale Identität als hier, obwohl die Nordgrenze des Gebiets nach Rheinhessen hin willkürlich wirkt und die Südgrenze zum Elsass auch weinbaulich fließend ist. Das verbindende Element unter den Einwohnern der Pfalz ist die gemeinschaftliche Vorstellung ihrer Region als Paradies auf Erden, und dabei spielt der Wein – den sie fast vorbehaltlos positiv sehen – eine bedeutende Rolle.

Während man noch vor 20 Jahren, wenn man vom guten Pfälzer Wein sprach, in der Regel vor allem die Mittelhaardt meinte, insbesondere die eleganten, in den weltberühmten Deidesheimer, Forster und Wachenheimer Lagen gewachsenen Rieslinge, hat sich dies mittlerweile geändert. Sowohl der Norden als auch der Süden machen den renommierten Weingütern der Mittelhaardt ordentlich Druck. Begonnen hat die anhaltende Pfälzer Qualitätsoffensive bereits in den 1960er-Jahren. Von 1962 an hatte Hans-Günther Schwarz

---

Wein- und Sektgut Wilhelmshof
Queichstraße 1
D-76833 Siebeldingen
Tel. +49 (0)63 45/91 91 47
Fax +49 (0)63 45/91 91 48
E-Mail: mail@wilhelmshof.de
www.wilhelmshof.de
Öffnungszeiten: Mo.–Fr. 8–12 und
13–18 Uhr, Sa. 9–17 Uhr

Sektkellerei Andres & Mugler
Hauptstraße 33a
D-67152 Ruppertsberg
Tel. +49 (0)63 26/86 67
Fax +49 (0)63 26/86 67
E-Mail: info@andresundmugler.de
www.andresundmugler.de
Öffnungszeiten:
nach Vereinbarung

Lage
Laut Weinrecht bestimmte Rebfläche (Einzellage) oder die Zusammenfassung solcher Flächen (Großlage) einer oder mehrerer Gemeinden eines Anbaugebiets, aus deren Lesegut gleichwertige Weine gleichartiger Geschmacksrichtungen hergestellt werden.

als langjähriger Kellermeister des Weinguts Müller-Catoir bis zum Beginn des 21. Jahrhunderts einen völlig neuen Weinstil kreiert, dem die geschmacksintensive Frucht und die harmonische Säure aus vollreifen und gesunden Trauben heilig war. Die Aromatik und Frische der Beere sollte sich förmlich eins zu eins und ohne kellertechnische Korrektur- oder Verschönerungsmaßnahmen im Wein wiederfinden. Die weltweit verehrten Weine, die Schwarz bis zum Jahrgang 2001 für Müller-Catoir gefüllt hat, zeichneten sich durch ihre brillante, explosive Frucht ebenso aus wie durch ihren unnachahmlich subtilen und präzisen Geschmack. Es waren die Prototypen des modernen Pfälzer Weins. Und da Schwarz zahlreiche junge Winzer ausgebildet hat, hat seine Arbeitsweise Schule gemacht, und sein Stil ist bis heute lebendig geblieben, auch weil er verändert und neuen Bedürfnissen angepasst wurde.

Säure
Essentielle Geschmackskomponente des Weins, die für Frische, Harmonie und Haltbarkeit mitverantwortlich ist.

Am eindrucksvollsten hat Hansjörg Rebholz vom WEINGUT ÖKONOMIERAT REBHOLZ in Siebeldingen den Schwarz-Stil weiterentwickelt und praktisch nahtlos in das sich seit Mitte der 1990er-Jahre abzeichnende, im Großen Gewächs mündende Terroir-Konzept überführt, das mehr Wert auf Mineralität und Lagenausdruck legt als auf die Explosion verführerischer Fruchtaromen. Rebholz kombiniert beides; die klare, vollreife Fruchtaromatik und Säure sind bei ihm eine Art Trägerrakete des im Weinberg herausgearbeiteten, im Keller erhaltenen und durch keinerlei Korrekturmaßnahmen geschönten Terroir-Ausdrucks.

Dass die Südpfalz überhaupt über Terroir verfügt, ist in den 1980er-Jahren allerdings nicht bekannt gewesen – es musste erst entdeckt und ausgearbeitet werden. Das Weingut Rebholz wie auch das Birkweiler WEINGUT DR. WEHRHEIM, die beide heute in dritter Generation geführt werden, haben diesbezüglich Pionierarbeit geleistet, da Wein hier immer als eine Ausdrucksform regionaler Identität verstanden und auch so abgefüllt wurde: mit Eigenart und von einem durch seine Herkunft geprägten Charakter. Seitdem werden ohne Rücksicht auf Moden Weine aus klassischen Rebsorten ausgebaut, meistens kompromisslos trocken (Riesling, Weiß- und Spätburgunder, Silvaner), aber auch mit zarter Fruchtsüße (insbesondere bei Muskateller und Gewürztraminer) und je nach Jahrgang edelsüß. Vor allem

Weingut Ökonomierat Rebholz
Weinstraße 54
D-76833 Siebeldingen
Tel. +49 (0)63 45/34 39
Fax +49 (0)63 45/79 54
E-Mail:
wein@oekonomierat-rebholz.de
www.oekonomierat-rebholz.de
Öffnungszeiten: Mo.–Fr. 9–12 und 14–17 Uhr, Sa. 9–15 Uhr

Weingut Dr. Wehrheim
Weinstraße 8
D-76831 Birkweiler
Tel. +49 (0)63 45/35 42
Fax +49 (0)63 45/38 69
E-Mail: dr.wehrheim@t-online.de
www.weingut-wehrheim.de
Öffnungszeiten: Mo.–Fr. 9–12 und 14–18 Uhr, Sa. 10–16 Uhr und nach Vereinbarung

Wasserversorgung

Ist Bewässerung der Weinqualität dienlich oder abträglich?

Pro	Contra
Wein oder nicht Wein – im Extremfall ist das keine Frage, sondern das stärkste Argument für die Bewässerung von Weingärten, in denen die Rebstöcke aufgrund extremer Trockenheit vor dem Exitus bewahrt werden sollen. Aber auch in weniger extremen Fällen kann Bewässerung sinnvoll sein. Eine stark gestresste Rebe schützt in erster Linie sich selbst, und dabei können die Beeren unangenehme »Stressaromen« (»untypische Alterungsnote«) oder auch gerbige Noten entwickeln. Eine hohe Trauben- bzw. Weinqualität zu erzielen, ist das Ziel der meisten Bewässerungsmaßnahmen. Sie kommen vor allem dort zum Einsatz, wo während der kritischen Reifephase der Trauben auftretende Wasserdefizite ausgeglichen werden sollen – im besten Falle gerade so, wie es die Reben benötigen, damit einerseits ihr vegetatives Wachstum nicht wieder angeregt wird, andererseits die Ausbildung reifer, geschmacksintensiver Beeren gewährleistet bleibt. Einige Winzer argumentieren, dass sich mit Bewässerung sichere, ökonomisch sinnvolle Erträge (etwa 60 Hektoliter pro Hektar) erzielen lassen, deren Qualität nicht schlechter sei als die der (auf 20 Hektoliter) ertragsreduzierten unbewässerten Anlagen.	Wo es der Rebe hinsichtlich der Wasser- und Nährstoffversorgung zu gut geht, wird die meiste Energie für das Pflanzenwachstum (Triebe, Laub) aufgewendet, während die Trauben zwar groß werden, aber dünnschalig bleiben, zu wenig Phenole enthalten und im Verhältnis zur Schale einen zu hohen Wassergehalt aufweisen. Solche Trauben sind minderer Qualität, da sie nicht über einen intensiven Fruchtgeschmack verfügen. Zudem wachsen Rebwurzeln nicht in die Tiefe, wenn sie Wasser und Mineralstoffe (in Form von Dünger) bereits an der Bodenoberfläche erhalten, entsprechend wenig mineralisch und herkunftgeprägt sind Weine aus bewässerten Anlagen. Selbst bei langen Trockenperioden, wie sie der deutschsprachige Weinraum und auch die Pfalz in letzter Zeit häufiger als früher erfährt, kann die Bewässerung nach hinten losgehen, wenn der über Wochen ausgebliebene Regen dennoch einsetzt – nicht als dreitägiger Landregen, sondern, wie in den letzten Jahren häufiger vorgekommen, monsunartig. In diesem Falle kommt es zu einem unerwünschten Stickstoffschub, der die Weintrauben aufpumpt: viel Masse, keine Klasse. Eine sinnvolle Bewässerung muss exakt auf Zeitpunkt, Ort und Menge geeicht sein – was in unseren aufs Wetter bezogen instabilen Breitengraden nicht möglich ist.

aber steht hier jede Sorte seit langem an dem für sie besten Standort. Vor diesem Erfahrungshorizont ist die in der Südpfalz und darüber hinaus überragende Stellung der beiden befreundeten und miteinander wettstreitenden Weingüter zu sehen, deren Weine handwerklich kaum unterschiedlich erzeugt werden, aber dennoch grundverschieden schmecken.

Im Birkweiler Kastanienbusch treffen sich Rebholz und Wehrheim auf denkbar höchstem Niveau. Es ist nicht nur das veränderte Klima, sondern vor allem das Verdienst der beiden Häuser, dass diese geologisch komplexe und klimatisch außergewöhnliche Lage heute zu den interessantesten der gesamten Pfalz zählt. Denn jedes Terroir ist wertlos, solange es nicht entdeckt, verstanden und genutzt wird.

Der Kastanienbusch ist ein Talkessel, in dem die Reben – vor allem Riesling und Burgundersorten – in steilen Süd- und Südosthängen wachsen, die bis auf für die Pfalz ungewöhnlich hohe 320 Meter hinaufklettern (die berühmten Forster Terroirs liegen nur halb so hoch) und vom Pfälzer Wald fast umrahmt werden. Während die Sonne die Blattflächen optimal erreichen kann, weht im vergleichsweise kühl temperierten Kastanienbusch immer auch ein laues Lüftchen, das nachts besonders erfrischend ist und für ein langsames und spätes Ausreifen der Beeren sorgt. Sie bewahren sich daher bis zuletzt ein frisches Aroma sowie eine im Pfälzer Kontext hohe, aber für die Kastanienbusch-Weine charakteristische Säure. Früher, als die Winzer ihre Erträge nicht in dem Maße steuerten, konnten die bei niedrigerer Reife als heute gelesenen Trauben in entsprechenden Jahren recht sauer schmecken. Doch Reifeprobleme gehören inzwischen zur Geschichte, eher macht heute Trockenheit den Reben und Winzern zu schaffen, weshalb 2006 eine Bewässerungsanlage installiert wurde.

Geologisch ist der *Keschdebusch* so komplex wie kaum eine andere Lage der Pfalz. Hier findet man das Rotliegende des Perm ebenso wie die Triasschichten Buntsandstein, Muschelkalk und Keuper bis hin zu den Hangschotterböden. Entsprechend firmieren unter dem Namen Kastanienbusch sehr unterschiedlich geartete Weine. Von den terrassierten Muschelkalkböden etwa kommen sehr körperreiche, fruchtige und ausdrucksvolle Weine; mit die besten – Riesling und Chardonnay – erzeugen das durch Dr. Martin Wettstein zu

Terroir
Französische Idee mit 1001 Definitionen. Der Ausdruck Terroir wird auch im deutschsprachigen Raum immer häufiger gebraucht, um den durch die Herkunft geprägten Charakter eines Weins zu erklären oder hervorzuheben.

*Nachfolgende Doppelseite:
Spätestens seit der Jahrhundertwende enttarnen Winzer wie Karl-Heinz Wehrheim und Hansjörg Rebholz den Birkweiler Kastanienbusch als eine der besten Pfälzer Lagen für die Erzeugung großer Riesling- und Burgunderweine.*

Weingut Siener – Dr. Wettstein
Berngertstraße 1
D-76833 Siebeldingen
Tel. +49 (0)63 45/95 45 40
Fax +49 (0)63 45/95 45 42
E-Mail: siener@t-online.de
www.weingut-siener-wettstein.de
Öffnungszeiten: nach Vereinbarung

Weingut Gies-Düppel
Am Rosenberg 5
D-76831 Birkweiler
Tel. +49 (0)63 45/91 91 56
Fax +49 (0)63 45/91 91 57
E-Mail: WeingutGies@aol.com
www.gies-dueppel.de
Öffnungszeiten: Mo.–Fr. 9–12 und
14–18 Uhr, Sa. 10–16 Uhr und
nach Vereinbarung

Weingut Siener
Weinstraße 31
D-76831 Birkweiler
Tel. +49 (0)63 45/35 39
Fax +49 (0)63 45/91 91 00
E-Mail: info@weingutsiener.de
www.weingutsiener.de
Öffnungszeiten:
nach Vereinbarung

Schönung
Methode zur Klärung und bio-
chemische Stabilisierung des fer-
tigen Weins mittels Bentonit
u. a. Das Schönungsmittel wird
später so weit wie möglich aus
dem Wein entfernt. Meistens
setzt es sich am Fassboden ab
und der klare Wein wird davon
abgezogen.

neuem Leben erweckte Siebeldinger WEINGUT SIENER – DR. WETTSTEIN, GIES-DÜPPEL und PETER SIENER.

Die feinsten und elegantesten Weine wachsen indes im Buntsandsteinverwitterungsboden sowie – hier geraten die Weine noch subtiler – in den rot gefärbten Sedimenten des Oberrotliegenden, das in der *Wein*-Pfalz allein im Kastanienbusch zu finden ist. Von diesem Boden kommt Rebholz' Kastanienbusch Riesling Großes Gewächs – einer der großartigsten trockenen Weißweine auf dem Planeten Wein: feinblumig und zartwürzig im Duft. Den Gaumen durchzieht dieser überaus subtile Wein mit edler Riesling-Frucht, feiner Mineralität und delikatem Säurespiel und hinterlässt die Erinnerung an einen einzigartigen, vielschichtigen Riesling von schwereloser Eleganz! Er erreicht seinen besten Genusszeitpunkt erst im Alter von drei bis vier Jahren. Wie lange er dann hält, weiß auch Hansjörg Rebholz nicht, weil der erste Jahrgang des Weins in seiner heutigen Form der noch sehr lebendige 1998er ist. Wer ihn jung genießen möchte, sollte ihn dekantieren.

»Große, individuelle Weine erzeugt man nur, wenn man hohes Risiko eingeht und bis zuletzt zockt«, sagt Rebholz mit Bezug auf einen möglichst lang hinausgezögerten Lesezeitpunkt. Nicht der Zuckerwert ist entscheidend, sondern die in den Beeren eingelagerten Inhaltsstoffe. Sie zu mehren, aus den Beeren auszulösen und im Wein möglichst pur zur Geltung zu bringen ist das Ziel von Rebholz. Daher werden für seine Spitzenweine – Rebholz erzeugt in der Siebeldinger Lage Im Sonnenschein einen weiteren, mit mehr Fruchtfleisch und pikanter Säure versehenen Riesling Großes Gewächs – ausschließlich hundertprozentig gesunde Trauben des dritten und so weit als eben geht hinausgezögerten Lesegangs verarbeitet: Sie werden gemaischt, schonend gepresst, langsam vergoren und lange auf der Feinhefe ausgebaut, um anschließend ohne Schönung oder andere Korrekturmaßnahmen abgefüllt zu werden. Genauso kompromisslos werden auch die trockenen Riesling Kabinettweine und Spätlesen, die unter den Namen der Bodentypen (Rotliegendes oder Buntsandstein) vermarktet werden, im Keller verarbeitet.

Das Spiel aus reifer, intensiver, aber doch immer auch feiner und frischer Frucht sowie reifer Säure ist auch für Karl-Heinz Wehrheim das Ziel, der mit über sechs Hektar den

größten Besitz im Kastanienbusch hält. Sein Kastanienbusch Köppel Riesling Großes Gewächs kommt vom Buntsandsteinverwitterungsboden und schmeckt verblüffend anders – anders eindrucksvoll. Wehrheims Köppel ist körperreich und kraftvoll, durchdringend mineralisch, von praller
Weinbergspfirsichfrucht und reifer Säure strukturiert. Er
zählt zu den großartigsten Rieslingen vom Buntsandstein
im Gebiet und bringt – saftig und strahlend – die besten
Weine aus den berühmten Forster Lagen Kirchenstück, Jesuitengarten, Ungeheuer und Pechstein ganz ordentlich ins
Schwitzen.

Mit dem Jahrgang 2007 hat auch Wehrheim ein Riesling
Großes Gewächs vom Rotliegenden: Kastanienbusch, ein
eleganter, ein würziger Riesling voller mineralischer Spannung. Und Wehrheim, passionierter Jäger und Verehrer der
Weine der burgundischen Côte d'Or, legt nach: Mit einem
kraftvoll zubeißenden Spätburgunder, der so unverwechsel-
bar deutsch und geheimnisvoll ist wie die Wälder in den
Märchen der Brüder Grimm. In seiner trockenen und säure-
betont markanten Art ist der mächtige Kastanienbusch Spätburgunder Großes Gewächs ein Archetyp des Wehrheim'schen Stils. Ähnlich markant und ausdrucksvoll: Peter
Sieners Spätburgunder aus dem Kastanienbusch!

»Meine Weine dürfen ruhig Ellenbogen zeigen, das
macht sie fit fürs Alter und ist eben meine Art, Wein zu erzeugen«, sagt Wehrheim über seinen im ersten, zweiten und
dritten Moment schroff anmutenden, zum Essen und insbesondere nach Jahren der Lagerung feinfruchtigen, sandel-
holzwürzigen und rassigen Spätburgunder. Auch dieser in
kleinen Eichenholzfässern gereifte Wein wächst in einem
kühleren, 260 bis 290 Meter hoch gelegenen und nach Süd-
osten exponierten Hang, wo die Reben in einem Buntsandsteinboden wurzeln, in dem auch Kalkmergel einlagert ist.

Gänzlich vom Muschelkalk und ihrer vergleichsweise
warmen Herkunft geprägt sind die völlig anders gearteten
Spätburgunder aus der Siebeldinger Lage Im Sonnenschein
von Hansjörg Rebholz, die ihre reife Frucht mit sprödem
Charme vor jedem Anflug von Kitsch und vordergründiger
Eleganz bewahren. Im direkten Vergleich zu Wehrheims
Kastanienbusch mutet etwa der im Jahrgang 2003 enorm
reichhaltige, nach süßem Dörrobst, Mokka und Nougat duftende Spätburgunder R Im Sonnenschein Großes Gewächs

Buntsandstein
Ältester Zeitabschnitt der erd-
geschichtlichen Trias-Epoche,
dem Muschelkalk und Keuper
folgten. Namensgebend für den
Buntsandstein ist der gleichnamige Sandstein, ein Verbund aus
verschiedenartigen Sanden.

Rotliegend, Rotliegendes
Ältester, ca. 280 Mio. Jahre alter
Zeitabschnitt des Perm und danach benannte rötlich gefärbte
Sedimentgesteine – oft irrtüm-
lich roter Schiefer genannt – aus
dieser Zeit.

(goldene Schrift) in den ersten Momenten geradezu südländisch an, zugleich aber besitzt er etwas unerhört Subtiles, eine unerwartete Transparenz mit unzerstörbar wirkendem Säurenerv, der ihn eindeutig zum Pfälzer Grand Cru adelt. Er kommt erst fünf Jahre nach der Lese in den Verkauf, dennoch sollte man auch ihm mit Geduld und Karaffe begegnen – auch sieben, acht Jahre nach der Lese noch.

Dass Rebholz wie auch Wehrheim den genetisch vom Spätburgunder abstammenden Weißburgunder mit wiederum unterschiedlich gearteten Weltklasse-Weinen aus dem Aschenputteldasein befreien, ist ein weiterer Meilenstein sowohl in der Geschichte der Rebsorte wie auch der Südpfalz, die sich aufgrund ihrer tieferen, oft kalkhaltigen Böden als besonders Pinot-affin entpuppt. Sowohl Rebholz wie auch Wehrheim bauen ihre Weißburgunder im Edelstahl, nicht im Holzfass aus, und beide verzichten auf den biologischen Säureabbau, »weil die Frucht wie die Säure das Wesen des Pfälzer Weins ausmachen«, wie Karl-Heinz Wehrheim erläutert. Sein tiefgründiger, über zehn und mehr Jahre die Spannung und Frische haltender Mandelberg Weißer Burgunder Großes Gewächs vom mit Kalkmergel durchsetzten Buntsandsteinboden aus einer 220 Meter hoch gelegenen Ostlage ist ein vielschichtiger, eleganter und strahlender Wein, der seine ungeheure Spannung aus dem Zusammenspiel von klarer Burgunderfrucht, mineralischem Schmelz und reifer Säurefrische bezieht. Rebholz' auf Muschelkalk gewachsener Im Sonnenschein Weißer Burgunder Großes Gewächs ist dagegen unerhört saftig, sein reifes Mango- und Pfirsichfleisch bindet die Säure wie auch den mineralischen Kern derart ein, dass aus Weißburgunder Verlangen wird, selbst dann, wenn er sich wie 2007 durch strengen mineralischen Purismus auszeichnet.

Biologischer Säureabbau
Auch Malolaktische Gärung, oder Milchsäuregärung genannt: Zweite Gärung, die bei Rotweinen erforderlich und bei manchen Weißweinen erwünscht ist. Dabei wird die »unreife« Apfelsäure nach der alkoholischen Gärung von Bakterien in die mildere Milchsäure umgewandelt.

Während Wehrheim und Rebholz die Tradition ihrer Väter fortsetzen konnten, mussten andere Südpfälzer Betriebe, zumeist Gemischtwirtschaft betreibende Genossenschaftslieferanten, ihren Weg zum Qualitätswein erst nach und nach finden. Der Aufbruch begann Mitte der 1970er-Jahre und ist vor allem mit Winzerpersönlichkeiten wie Lothar, Rainer und Gunter Keßler (Weingut Münzberg, Godramstein), Thomas Siegrist (Weingut Siegrist, Leinsweiler) und Friedrich Becker (Weingut Friedrich Becker,

Links:
Großer Wein entsteht im Kopf: Hansjörg Rebholz erzeugt ungeschminkte Herkunftsweine von bestechender Transparenz und faszinierender Tiefe.

Schweigen) verbunden. Überzeugt davon, dass sich auch an dem noch in den 1980er-Jahren wegen vieler belangloser Massenabfüllungen als »Süßliche Weinstraße« verballhornten Gebiet trockene Spitzenweine von höchster Qualität erzeugen lassen würden, setzten sie nicht auf die hier nach dem Krieg besonders hofierten Massenträger wie Müller-Thurgau, Morio-Muskat, Portugieser & Co., sondern – wie das benachbarte Elsass – auf Riesling sowie die verschiedenen Burgundersorten, denen die hiesigen klimatischen Verhältnisse und Böden besonders entgegenkommen.

Thomas und Gisela Siegrist, die das elterliche WEINGUT SIEGRIST in Leinsweiler von 1974 an von Ochsen, Schweinen, Hühnern und Getreide befreit und zu einem reinen, selbst vermarktenden Weinbaubetrieb umgewandelt haben, waren Mitte der 1980er-Jahre mit die ersten Pfälzer Produzenten, die ganz auf traditionelle Rebsorten setzten und Burgunder in neuen Holzfässern ausbauten. Heute zählen die alten, von der *Wein-Sittenpolizei* noch als »nicht von handelsüblicher Beschaffenheit und somit nicht verkehrsfähig« abgelehnten Revoluzzer-Weine, die inzwischen vermehrt in Barriques aus Pfälzer Eichen ausgebaut werden, zu den besten ihrer Art. Der füllige und zugleich nervig-mineralische Chardonnay-sur-lie ist klar, vielschichtig und erinnert an heimische Früchte (Quitten, Haselnüsse) und französische Brioche.

»Er bleibt so lange auf der Hefe im Holzfass liegen, bis das Holz nicht mehr schmeckbar ist«, erläutert Siegrist den Vorgang, der heute bis zu 18 Monate und länger dauern kann. Ein frischer, animierender Spätburgunder für deutlich weniger als zehn Euro ist der würzige und vitale Pinot Noir trocken Holzfass, dessen akzentuiert spröde Art den von seidiger Eleganz, feinrassiger Säure und ebenfalls wilder, frischer Frucht geprägten Pinot Noir *** stilistisch vorwegnimmt, wenngleich er nicht die Fülle und Komplexität von Siegrists feinstem Rotwein erreicht.

Auch Siegrists langjähriger Freund und Weggenosse Friedrich »Fritz« Becker vom WEINGUT FRIEDRICH BECKER in Schweigen erzeugt inzwischen zusmmen mit Sohn Friedrich jr. Spitzenburgunder in Weiß und Rot, zumeist sogar auf französischem Boden. In Schweigen, das über Jahrhunderte zu Wissembourg/Weißenburg gehörte, berührt die Pfalz das Elsass; in der 1971 endlos ausgeweiteten alten Schweigener Spitzenlage Sonnenberg sind beide Länder so-

---

Weingut Siegrist
Am Hasensprung 4
D-76829 Leinsweiler
Tel. +49 (0)63 45/13 09
Fax +49 (0)63 45/75 42
E-Mail: wein@weingut-siegrist.de
www.weingut-siegrist.de
Öffnungszeiten: Mo.–Fr. 8–12 und
13.30–18 Uhr, Sa. nach
Vereinbarung

Barrique
Kleines, meistens 225–228 Liter fassendes Eichenholzfass. Das ursprünglich für Bordeaux kreierte Fass wird heute in praktisch allen weinbautreibenden Ländern benutzt und oftmals auch gefertigt. Im Sprachgebrauch hat sich die Barrique längst strengen Definitionskriterien entzogen. Gemeint ist immer ein kleines Eichenfass.

Weingut Friedrich Becker
Hauptstraße 29
D-76889 Schweigen
Tel. +49 (0)63 42/2 90
Fax +49 (0)63 42/61 48
E-Mail:
wein@weingut-friedrich-becker.de
www.weingut-friedrich-becker.de
Öffnungszeiten: Fr. 14–16 Uhr, Sa.
10–17 Uhr und nach Vereinbarung

gar vereint: Die Schweigener Winzer sind mit ihrem auf französischem Grund liegenden Eigentum im Weißenburger Grundbuch eingetragen, ihre Weine aber – darunter vor allem die auch im Elsass kultivierten Sorten Riesling, Gewürztraminer, Weiß-, Grau- und Spätburgunder sowie Auxerrois – unterliegen dem Deutschen Weingesetz.

Als Becker 1973 den elterlichen Genossenschaftsbetrieb übernahm und zu einem selbst vermarktenden Weingut umstrukturierte, gab es in Schweigen kaum noch Spätburgunder: »Die Trauben hatten zu kleine Beeren und brachten zu wenig Ertrag, nach Ende des Krieges wurde er daher kaum noch gepflanzt«, berichtet Becker. 1966 hat er in der alten, im Mittelalter von den Mönchen des Klosters Weißenburg kultivierten Lage Kammerberg Brombeerbüsche ausgerissen und statt ihrer Spätburgunder gepflanzt. Heute – nach zahlreichen Studienreisen vor allem ins Burgund und mit Hilfe des auch in Südafrika und Spanien tätigen Kellermeisters Stefan Dorst – ist der nach traditioneller burgundischer Art in großen Holzbottichen offen auf der Maische vergorene und in Barriques ausgebaute Kammerberg Spätburgunder ein wahrhaftig Großes Gewächs: kraftvoll und süß, mit fleischiger und zugleich frischer Burgunderfrucht und seidigen Gerbstoffen.

In dem stark nach Süden geneigten Hang des Kammerbergs stehen die Reben – wie praktisch überall in den besseren Teilstücken des Sonnenbergs – in sich schnell erwärmenden Kalkmergelböden.

»Die Böden und das Klima von Burgund hatten wir schon immer, nur fehlte uns anfangs das Know-how, wie man große Burgunder erzeugt«, erklärt Friedrich Becker die Situation in Schweigen und lässt keinen Zweifel darüber aufkommen, dass er diese Lücke inzwischen für geschlossen hält. Argumente stellt er selbst genügend vor, auch dafür, dass sein Kammerberg nicht mal sein größter Burgunder sein muss. Aber welcher ist es? Der deutlich teurere, herbwürzige, von straffen Gerbstoffen strukturierte Spätburgunder Res. (die Bezeichnung »Reserve« ist nach Deutschem Weingesetz unzulässig)? Oder der diesem Tafelwein mit dem Jahrgang 2004 nachfolgende St. Paul Spätburgunder Großes Gewächs? Oder sollte es gar der Tafelwein Pinot Noir sein, eine noch teurere Da-schau-her-Selektion von kleinsten und reifsten Beeren aus den besten Parzellen, mit der sich Becker – mit freundlicher Unterstützung eines »Heure-

Gerbstoffe
Die auch als Gerbsäure oder Gerbstoffe bezeichneten Tannine gehören zur Gruppe der Phenole. Vor allem junger Rotwein (und z. B. auch Tee) enthält hohe Mengen an Tanninen, die im Mund ein charakteristisches Gefühl von Trockenheit, ein Zusammenziehen der Schleimhäute verursachen. In Weißweinen spielen sie eine kleinere aber auch bedeutende Rolle, zu viel davon macht den Wein grob und stumpf, zu wenige Tannine können ihn ausdruckslos erscheinen lassen.

Reserve
Nahezu im gesamten deutschsprachigen Raum unerlaubte, oft mit dem Buchstaben »R« ersetzte Bezeichnung für besonders hochwertigen Wein. Allein bei elsässischen Weinen darf Reserve auf dem Etikett stehen, ohne dass dem Begriff eine festgelegte Definition zugrunde läge.

Der königliche Riesling

Der Legende nach stammt der Riesling von einer Wildrebe aus den Rheinauen ab, doch das klingt eher wie eine Episode aus der Nibelungensage. Tatsächlich ist Riesling wie so viele andere bekannte und verbreitete Traubensorten eine natürliche Kreuzung, in deren Stammbaum der edle Traminer und der banale Heunisch stehen. Vom Traminer stammt die brillante Duftigkeit, vom Heunisch die ausgeprägte Säurefrische, aber auch die Wüchsigkeit und eine Tendenz zu großzügigen Erträgen. Bei sehr hoher Traubenreife, wie es durch die Klimaerwärmung seit der Jahrtausendwende häufiger der Fall ist, kann der Riesling als Wein etwas Üppiges, Mildes besitzen, das an den Traminer erinnert. Bei niedriger Traubenreife schlägt die ruppige, rustikale Heunisch-Seite seines Wesens zum Teil allzu heftig durch.

Die Rieslingrebe ist eine Sonnenwende (Heliotrop), die sich nach der Sonne sehnt, nachts aber ordentlich frische Luft mag. Kühle Nächte ermöglichen die erfolgreiche Erzeugung von elegantem Riesling in recht heißen Klimazonen wie Clare Valley in Südaustralien (wo es tagsüber fast so heiß wie in die Wüste ist!), sind aber gleichzeitig auch eines der Geheimnisse der saftigen und kräftigen Weine der Pfalz. Die Kraft des Pfälzer Rieslings entsteht durch die warmen und sonnenreichen Tage, und sein aromatischer Reichtum entfaltet sich durch die kühleren, aber auch tendenziell sonnigen Tage während der letzten Reifephase. Den Wein prägen außerdem die kleinsten Unterschiede in der Bewirtschaftung der Weinberge, bei der Lese und Verarbeitung von Trauben, Most und Jungwein. Zusammen machen diese Faktoren die wahre Faszination dieser Rebsorte aus: Die geschmackliche Vielfalt des Rieslings ist schier unendlich! Und: Gute Rieslinge sind unendlich lange trinkbar. Dass das Ansehen dieser Sorte weltweit steigt, gründet auf dieser Vielfalt, aber resultiert auch aus dem allgemeinen Aufschwung in den deutschsprachigen Weinanbaugebieten. Kein anderes deutsche Gebiet aber hat mit seinen trockenen Rieslingen solch internationalen Erfolg wie die Pfalz! *Stuart Pigott*

Der Weißburgunder – zu subtil, um ein Star zu sein

Weil Subtilität eine Qualität ist, die – vernebelt von moderner aromatischer Leitmotivtechnik und genügsamer Sensorik – von nur sehr wenigen Weintrinkern als solche erkannt wird, fristet eine der feinsten Rebsorten auf dem Planeten Wein ein unterbelichtetes Dasein, folgerichtig tritt der Weißburgunder in keinem Anbaugebiet der Welt als Superstar auf. So auch nicht im deutschsprachigen Raum, wo die Mutation des Spätburgunders als Weißer Burgunder, Pinot blanc oder Pinot bianco häufig angebaut wird und trockene wie edelsüße Weine von absolutem Spitzenformat hervorbringen kann, vor allem in der Pfalz, in Baden, Franken, Sachsen, dem Elsass, in Südtirol sowie in einigen österreichischen Anbaugebieten. Nicht selten haben die Winzer – vor allem deutsche – aus dem Weißburgunder einen vermeintlich burgundischen Chardonnay zu machen versucht: kleines Eichenfass, eifrig Hefe aufrühren, fertig war das Täuschungsmanöver. Doch der buttrige Schmelz hat den armen feinen Kerl dann zumeist wie einen zweitklassigen burgundischen Chardonnay schmecken lassen. Gute Weißburgunder aus warmen Lagen mit tiefgründigen Böden benötigen eigentlich nichts weiter als eine umsichtige Weinbergspflege, eine späte Lese reifer, gesunder Trauben – dann können sie sogar ohne Barrique und biologischen Säureabbau klare, gradlinige Weine von großem Format hervorbringen. Zum Essen gibt es nur wenige Weine, die vergleichbar vielseitig einsetzbar sind wie der mittelspät bis spät reifende Weißburgunder, dessen beste trockene Exemplare über mehr als zehn Jahre lagerfähig sind. In der Pfalz wie im Elsass und in Franken werden auch erstklassige Schaumweine aus der Sorte erzeugt. Dem Weißburgunder verwandt, optisch noch deutlicher als geschmacklich, ist der Auxerrois. Der Auxerrois ist eine sehr alte Kreuzung aus Spätburgunder und weißem Heunisch, die vor allem in Deutschland (Pfalz, Baden), Luxemburg (Obermosel) und in Frankreich (besonders im Elsass) angebaut wird.

ka!« posaunenden Wein-Guides und eines wortgewaltigen Weinhändlers – selbst ein Denkmal setzt, das praktisch allein in der Literatur zu bestaunen ist?

Dass die Beckers den so verehrten Spätburgunder können, zeigen sie mit ihren preiswerten, über fast zwei Jahre in gebrauchten Barriques ausgebauten würzig-eleganten Spätburgunder B, der seine seidige Waldbeerfrucht auf einem feinen Säurebogen vorantreibt.

Bemerkenswert geschmeidige und feine Spätburgunder erzeugt heute auch Gerd Bernhart vom WEIN- UND SEKTGUT BERNHART. Der einfache Spätburgunder trocken kostet weniger als zwei Schachteln Zigaretten, bietet aber unvergleichlich mehr Genuss: Er ist weich, elegant und feinwürzig – ein wahres Wunderkind! Der im Rädlinger Kalkmergel gewachsene Spätburgunder R ist ein sehr feiner, seidiger und beinahe leichtfüßig anmutender Burgunder von angenehmer Konzentration und großer Eleganz. Seit dem Jahrgang 2004 kommt er als Großes Gewächs auf den Markt und verkörpert eine auf Feinheit und Noblesse setzende Interpretation der auch hier zum Vorbild genommenen französischen Burgunder.

Wie im Burgund, so benötigen die so genannten Burgundersorten auch in der Pfalz keine augenscheinlich spektakulären Lagen, um eindrucksvolle Weine hervorzubringen. Der zwischen Siebeldingen und Landau bei Godramstein gelegene Münzberg, ein auf 450 Hektar Rebfläche aufgepumpter Riese, ist denn auch optisch alles andere als ein Aha-Erlebnis. Geschmacklich aber hat er einiges zu bieten, zumindest wenn man die von fruchtiger Fülle, mineralischer Substanz und animierender Frische geprägten Weine zugrunde legt, die das mitten darin liegende WEINGUT MÜNZBERG erzeugt. Die Brüder Rainer und Gunter Keßler kennen jeden Münzberg-Meter und wissen, wo sich die guten Parzellen befinden. Diese spannen einen Halbbogen rund ums Anwesen und verfügen über besonders kalkreichen Boden, vor allem aber die richtigen Sorten: Weiß- und Grauburgunder, die von den Brüdern als sortentypische Pfälzer Weine in der Regel im Edelstahltank geschult werden, während Chardonnay und Spätburgunder im Holzfass bzw. in zunehmend aus Pfälzer Eichen gebundenen kleinen Fässern ausgebaut werden. Nach der 1976 erfolgten Flur-

Wein- und Sektgut Bernhart
Hauptstraße 8
D-76889 Schweigen
Tel. +49 (0)63 42/72 02
Fax +49 (0)63 42/63 96
E-Mail:
weingut-bernhart@t-online.de
www.weingut-bernhart.de
Öffnungszeiten: Mo.–Sa. 9–12 und
13.30–17 Uhr und nach
Vereinbarung

Weingut Münzberg
D-76829 Landau-Godramstein
Tel. +49 (0)63 41/6 09 35
Fax +49 (0)63 41/64 21 0
E-Mail:
wein@weingut-muenzberg.de
www.weingut-muenzberg.de
Öffnungszeiten: Mo.–Fr. 8–12 und
14–18 Uhr, Sa. 9–16 Uhr, So. und
an Feiertagen geschlossen

*Nachfolgende Doppelseite:
Pokern bis der große Regen
kommt: Große Weine wie die
Rieslinge im Birkweiler
Kastanienbusch reifen erst spät im
Jahr heran.*

Weingut Porzelt
Steinstraße 91
D-76889 Klingenmünster
Tel. +49 (0)63 49/81 86
Fax +49 (0)63 49/39 50
E-Mail: info@weingut-porzelt.de
www.weingut-porzelt.de
Öffnungszeiten: Mo.–Sa. 9–12 und
14–19 Uhr, So. und an Feiertagen
nach Vereinbarung

Weingut Ackermann
Oberdorfstraße 40
D-76831 Ilbesheim
Tel. +49 (0)63 41/3 06 64
Fax +49 (0)63 41/3 25 47
E-Mail:
info@weingut-ackermann.de
www.weingut-ackermann.de
Öffnungszeiten: nach Vereinbarung

Weingut Heußler
Mühlgasse 5
D-76835 Rhodt
Tel. +49 (0)63 23/22 35
Fax +49 (0)63 23/98 05 33
E-Mail: heussler-wein@t-online.de
www.heussler-wein.de
Öffnungszeiten: Mo., Mi., Do., Fr.,
9–12 und 13.30–18 Uhr, Sa. 9–17
Uhr, So. 10–12 Uhr, Di. nach
Vereinbarung

**Wein- und Sektgut
Immengartenhof**
Marktstraße 62
D-67487 Maikammer
Tel. +49 (0)63 21/5 94 00
E-Mail: weingut.hoehn@t-online.de
www.immengarten hof.de
Öffnungszeiten: Mo.–Do. nach Ver-
einbarung, Fr. 13–18 Uhr, Sa. 10–
18 Uhr, So. 10.30–12.30 Uhr

Weingut Ullrichshof
Marktstraße 86
D-67487 Maikammer
Tel. +49 (0)63 21/50 48
Fax +49 (0)63 21/5 73 88
E-Mail: info@ullrichshof-faubel.de
www.ullrichshof-faubel.de
Öffnungszeiten: nach Vereinbarung

bereinigung und dem damaligen Fokus auf Burgundersorten verfügen die Münzberg-Reben inzwischen wieder über
ein interessantes Alter und ausreichend tiefe Wurzeln, um
vielschichtige, mineralische Weine mit tiefer Frucht zu erzeugen. Besonders delikat und verspielt geraten hier Weißburgunder Kabinett und Spätlese. Alles andere als massiv –
obgleich doch füllig in jeder Beziehung – ist der Schlangenpfiff Weißburgunder Großes Gewächs, der sich in den letzten Jahren gleichsam auf Flügeln in den Pfalz-Olymp em-
porgeschwungen hat. Dort sitzt auch der körperreiche, in
Barriques geschulte Schlangenpfiff Spätburgunder Großes
Gewächs. Dieser ausgewogene, runde, auch zehn Jahre nach
der Lese nicht schwächelnde Rotwein besitzt eine volle und
feinwürzige Frucht von Waldbeeren und Kirschen und
durchzieht sein seidiges, mit langer Schleppe versehenes
Kleid mit feinem Säuremuster sowie straffen, Struktur ge-
benden Tanninen.

Die in den 1980er-Jahren entstandene Südpfälzer Dyna-
mik hat längst volle Fahrt aufgenommen. Ständig
bringt dieser lange den Genossenschaften und Großkellerei-
en verpflichtete Bereich neue selbst vermarktende Erzeuger
mit Ambitionen hervor: Andreas Porzelt (WEINGUT PORZELT)
Klingenmünster, Frank Ackermann (WEINGUT ACKERMANN,
Ilbesheim); Christian Heußler (WEINGUT HEUSSLER,
Rhodt); Frank Höhn (WEIN- UND SEKTGUT IMMENGARTEN-
HOF), Gerd Faubel (WEINGUT ULLRICHSHOF), und Mathias
Seyler (WEINGUT DENGLER-SEYLER – alle Maikammer) u. a.
Für sie gilt, was der junge Peter Siener vom Birkweiler Weingut Siener so ausdrückt: »Dafür haben wir uns nicht über
Jahre hin ausbilden lassen, um Fassweine zu Ramschpreisen
oder anonyme Supermarktweine zu erzeugen. Jedes Jahr das
Bestmögliche aus unseren Weinbergen herauszukitzeln, das
gibt den Kick und spornt an.« Sieners Weinsortiment enthält füllige, mineralisch-komplexe Gewächse mit zupacken-
der Struktur und großem Potenzial.

Peter Siener ist einer der jungen Südpfälzer Garde, von
der sich fünf Winzer zur »SüdpfalzConnexion« zusammen-
geschlossen haben. Außer Siener und Klaus Scheu (WEIN-
HOF SCHEU, Schweigen: aromatische, dennoch fordernde
Weißweine mit markantem Körper) gehören dieser Boy-
group auch noch Volker Gies (Weingut Gies-Düppel, Birk-

weiler: brillante, ausgewogene Weine von bemerkenswerter Eleganz) und die beiden Ilbesheimer Boris Kranz (Weingut Kranz) und Sven Leiner (Weingut Jürgen Leiner) an. Jeder einzelne Winzer erzeugt ausdrucksvolle Weiß- und Rotweine, doch eine echte Sensation ist ihr in gemeinsamer Arbeit erzeugter Gräfenhauser Spätburgunder. Dieser in einer entlegenen Lichtung des Pfälzer Walds gewachsene Wein ist sozusagen das Remake des einstmals berühmten Gräfenhauser Edelburgunders, für den man 1822 ebenso viel zu zahlen hatte wie für einen Deidesheimer oder Königsbacher und mit dem an Bord in den späten 1920er- und frühen 1930er-Jahren die Luxusdampfer in See stachen. Dann aber verschwand der Edelburgunder, bis er gut 70 Jahre nach seinem Ende plötzlich und völlig unerwartet wiederauferstand – die fünf hatten die Brache zufällig entdeckt, ohne zunächst ihre Geschichte zu kennen.

»Als Weinmacher kann man nur wissen, wo man hin will, wenn man weiß, woher man kommt«, lautet das geflügelte Credo der »SüdpfalzConnexion«, die Wein als »dynamisches Kulturgut« mit verankerter, sich aber immer den modernen Ansprüchen stellender Tradition begreift. Ihr Gräfenhauser Spätburgunder ist Ausdruck dieser Philosophie. Die mit diversen französischen Pinot-Klonen aufgeforstete Lage, die ansonsten noch über einige Zeilen 40-jähriger Spätburgunder-Reben verfügte, brachte aus dem Jahrgang 2003 ein einziges Fässchen – aber welch ein Wein! Dass dieser füllige, wie in den 1920er-Jahren mit mehrmonatiger Maischegärung vinifizierte Burgunder mit seiner intensiven Cassis- und Pflaumenfrucht keine Eintagsfliege, sondern ein Versprechen war, zeigten seine Nachfolger, von denen es schon mehr Fässer gab. Der an Waldfrüchte und Lakritz erinnernde 2004er präsentierte sich schlanker, würziger und noch finessenreicher, der 2005er geriet dann wieder warmtöniger und etwas fülliger und nährt die Hoffnung, dass der Gräfenhauser Spätburgunder auf dem besten Wege ist, mit zunehmendem Alter der Rebstöcke wieder ein großer Edelburgunder zu werden!

Ein ganz anderes, bis vor kurzem ebenfalls kaum zum Ausdruck gebrachtes Terroir bringen Boris Kranz und Sven Leiner zum Vorschein: die Kleine Kalmit. Diese Lage im seicht ansteigenden Ilbesheimer Hausberg ist die höchste Erhebung der Rheinebene, sie entstand vor etwa 27 Millionen

Weingut Dengler-Seyler
Weinstraße Süd 6
D-67487 Maikammer
Tel. +49 (0)63 21/51 03
Fax +49 (0)63 21/5 73 25
E-Mail: info@dengler-seyler.de
www.dengler-seyler.de
Öffnungszeiten: Mo.–Sa. 9 – 18 Uhr,
So. und an Feiertagen nach
Vereinbarung

Weinhof Scheu
Hauptstraße 33
D-76889 Schweigen-Rechtenbach
Tel. +49 (0)63 42/72 29
Fax +49 (0)63 42/91 99 75
E-Mail: info@weinhof-scheu.de
www.weinhof-scheu.de
Öffnungszeiten:
nach Vereinbarung

Klon
Durch vegetative Vermehrung entstandene, genetisch identische Nachkommenschaft eines einzelnen Individuums, auch einer Rebe. Das Klonen der Rebstöcke gibt es schon seit Generationen.

Vinifikation
Der gesamte Prozess der Weinbereitung vom Keltern bis zum Vergären des Mosts.

Weingut Jürgen Leiner
Arzheimer Straße 14
D-76831 Ilbesheim
Tel. +49 (0)63 41/3 06 21
E-Mail: info@weingut-leiner.de
www.weingut-leiner.de
Öffnungszeiten:
nach Vereinbarung

Maischestandzeit
Zeitspanne, während der der
noch unvergorene oder gärende
Rot- oder Weißweinmost bzw.
Jungwein auf der Maische, den
gemahlenen Trauben, liegt.

Weingut Kranz
Märzheimer Straße 2
D-76831 Ilbesheim
Tel. +49 (0)63 41/93 92 06
Fax +49 (0)63 41/93 92 07
E-Mail: weingut-kranz@t-online.de
www.weingut-kranz.de
Öffnungszeiten: Mo.–Do. 8–12
Uhr, Fr. 8–16.30 Uhr, Sa. 9–16.30
Uhr und nach Vereinbarung

Spätlese
Deutsches/österreichisches Prädikat für Wein, der aus vollreifen
Trauben gewonnen wird, kann
entweder trocken oder mit natürlicher Traubensüße sein.

Rechts:
Nachdem der ölige Eiswein
gelesen ist wird wieder Erdöl
gepumpt: Szene bei Maikammer.

Jahren aus Kalk- und Muschelablagerungen des urzeitlichen Meeres. Auf den nach Süden und Südwesten hin abfallenden Hängen wurzeln die Reben zum Teil in kleinen Terrassen mit porösen Landschneckenkalkböden, die je nach Parzelle und Lage mit Mergel, Löss oder Lehm vermischt sind. Unter dem Namen Calvus Mons vermarktet Sven Leiner vom Weingut Jürgen Leiner seine beiden weißen, zumeist erst im November gelesenen cremig-mineralischen Kalmit-Crus, Riesling und Weißburgunder. Beide Weine werden höchst traditionell ausgebaut: 20-stündige Maischestand-zeit, schonende Traubenpressung, spontane Vergärung des unfiltrierten Mostes im Halbstückfass aus Pfälzer Eiche, wo die Weine bis zur Füllung zehn Monate auf der Vollhefe liegen. Mehr als doppelt so lange reift die ebenfalls in der Kalmit gewachsene, von Kräuterfrische, Waldbeerfrucht, feiner Säure und vornehmem Schmelz geprägte Spätburgunder Reserve in kleinen Fässern aus französischer, österreichischer und Pfälzer Eiche heran – ein hervorragender, un-prätentiöser und zutiefst deutscher Spätburgunder, der erst vier Jahren nach der Lese zu bester Form aufläuft. Boris Kranz vom Weingut Kranz ist weniger extrem im Ausbau als Leiner, doch seine Weine sind nicht weniger originell. In der Kalmit erzeugt er drei seiner insgesamt vier Ursprungs-weine: die vielschichtige, rassig-elegante Kalmit Riesling Spätlese trocken; die klare, subtile Kalmit Weißer Burgun-der Spätlese trocken sowie den Kirchberg Spätburgunder trocken, ein mittelgewichtiger Burgunder mit feinwürziger und frischer Frucht sowie transparenter, ausgewogener Tex-tur.

Ein anderer, sehr vielschichtiger Wein von Boris Kranz jagt den etablierten Pfälzern einen schmerzhaften Sta-chel ins Fleisch: Die vollmundige, an Birnen und weiße Trüffel erinnernde Hagedorn Sylvaner Spätlese trocken von alten, in schweren Lehmböden wurzelnden Reben ist mild und saftig, aber auch pikant und elegant. Dieser Wein ge-hört neben der trockenen Spätlese von Rebholz sowie dem Silvaner von Tina Pfaffmann zu den besten Silvanern der Pfalz und zieht die Frage nach sich, weshalb die hiesigen Winzer zu dieser saftigen und ausgewogenen Sorte eigent-lich keine Liebesbeziehung haben entwickeln können: Von den Böden und den klimatischen Voraussetzungen her ist

Weingut Rolf und Tina
Pfaffmann
Am Stahlbühl
D-76833 Frankweiler
Tel. +49 (0)63 45/13 64
Fax +49 (0)63 45/52 02
E-Mail: R-T-Pfaffmann@t-online.de
www.wein-pfaffmann.de
Öffnungszeiten: Mo.–Fr. 8–12 und
13–18 Uhr, Sa. 8–16 Uhr, So. und
an Feiertagen nach Vereinbarung

Weingut August Ziegler
Bahnhofstraße 5
D-67487 Maikammer
Tel. +49 (0)63 21/9 57 80
Fax +49 (0)63 21/95 78 78
E-Mail: info@august-ziegler.de
www.august-ziegler.de
Öffnungszeiten: Mo.–Fr. 8–18 Uhr,
Sa. 9–15 Uhr

Weingut Theo Minges
Bachstraße 11
D-76835 Flemlingen
Tel. +49 (0)63 23/9 33 50
E-Mail: info@weingut-minges.com
www.weingut-minges.com
Öffnungszeiten: nach Vereinbarung

die Pfalz ein Silvaner-Paradies. Dennoch haben die Winzer ausgerechnet diese Sorte daraus vertrieben. Betrug der Silvaner-Anteil in den 1960er-Jahren noch mehr als ein Drittel, liegt er heute unter vier Prozent – eine Tragödie.

Immerhin, auch in Frankweiler zuckt der Silvaner noch, besonders vital sogar bei Tina Pfaffmann vom WEINGUT ROLF & TINA PFAFFMANN. Ihr Silvaner Exclusiv ist fleischig, dicht, fruchtintensiv und verspielt. Auch Tina Pfaffmann ist eine junge Winzerin, die plötzlich da war und schon jetzt nicht mehr wegzudenken ist – weil sie mutig und unbeirrt ihren Weg geht. Bei Hans-Günther Schwarz gelernt haben viele, aber ihr ist es gelungen, blitzschnell einen eigenen Stil zu finden: klirrend klarer Gelber Muskateller; fruchtintensiver, animierend würziger Riesling, der im Steingut vergärt; rassiger Weißburgunder ohne Säureabbau und Barrique; eine unendlich saftige und auch opulente Pfalz-Cuvée (T-Cuvée), die zur Hälfte aus Riesling und zur anderen Hälfte aus den gemeinsam im Holzfass vergorenen Sorten Silvaner, Weiß- und Grauburgunder kreiert wird.

Pfaffmanns Weine sind gradlinige Persönlichkeiten und der Auftakt in eine Weinlandschaft, welche die Pfalz vielleicht besser auf den Nenner bringt als jeder andere Abschnitt. Denn zwischen Frankweiler im Süden und Maikammer im Norden öffnet sich die wahre Alles-was-Spaß-macht-Pfalz, wo sich die Winzer – im Rahmen des Gesetzes! – einen Teufel um aufgezwungenes Regelwerk und modernes Sortenmarketing scheren und ihre Lebenslust und Emotion nicht ausschließlich durch vornehme Klassiker wie Riesling und Burgunder kanalisieren mögen. Statt kühler Strategie herrscht in den hiesigen, allenfalls zart gewellten Weinbergen wie auch auf den Angebotslisten zahlreicher Weingüter blanke Anarchie: Die gesamte traditionelle und experimentelle Pfälzer Sortenvielfalt wird da durchdekliniert – beim WEINGUT AUGUST ZIEGLER in Maikammer gleich 60 Weine aus 20 Sorten, darunter elegant stoffiger Chardonnay (»in Barriques gereift«), knackig-frischer Sauvignon blanc, würziger, finessenreicher Shiraz , Merlot und Cabernet Franc.

Auf höchstem Niveau wird das Motto »Alles, was Spaß macht« auf dem WEINGUT THEO MINGES in Flemlingen gelebt: Rassige Rieslinge mit explosiven Fruchtaromen; eine majestätische Grauburgunder Spätlese Sinfonie; hochfeine Auslesen aus vermeintlich altmodischen Pfälzer Liebhaber-

sorten wie Gewürztraminer, Rieslaner und Scheurebe; einen
nen fülligen Spätburgunder (Zinkelerde) fürs Bilderbuch.

Minges' Weine sind subtil, belebend und erhebend wie
Champagner und bringen die Pfalz auf den Punkt: Man
müsste gehen, bleibt aber; parliert, entspannt, gibt sich hin,
verliert sich. Denn das, so Minges, sei das Wesen des Pfäl-
zers wie auch des Pfälzer Weins: nicht Streben nach Voll-
endung, sondern Lebenslust und Emotion. Doch spreche ihnen niemand Klasse ab, nur weil sie zunächst das Herz be-
rühren, bevor sie den Verstand quälen.

Minges ein Therapeut! Seine Weinwelt ist frei von allen
Über-Systemen und Oben-darüber-und-darunter-Weinen.
Er spricht weniger von Konzepten als von Energie. Und
von Liebe. »Man schmeckt es einem Wein an, ob er mit Lie-

Keine Über-Weine, aber was für Weine! Theo Minges verrichtet seine Arbeit mit und fürs Vergnügen – erhebend, nicht erhaben.

be erzeugt ist oder nicht«, sagt er, und: »Alles, was ein Wein benötigt, ist Liebe, Vertrauen und Geduld«. Kein Schliff, kein Styling. Das Unperfekte, Variantenreiche, Vielfältige ist viel spannender. Aus ganz Europa hat sich Minges Riesling-Klone besorgt: alle zu unterschiedlichen Zeiten reif, aber zeitgleich gelesen – der aromatischen Spannung wegen.

»Riesling ist Riesling ist Unsinn« – Minges exerziert dieses Motto auch innerhalb einer Lage. Sein fantastischer Riesling Kabinett aus einem kühleren Bereich der Gleisweiler Hölle ist kein Produkt der Vorlese von Reben, deren Hauptzweck in der Erzeugung von bedeutenden Spätlesen liegt, sondern ein natürlich gewachsener, aus langsam ausgereiften, aus nicht übermäßig süßen Trauben gewonnener Wein: leicht und frisch, aber vielschichtig und tanzend vor Freude. Die saftige, vollmundige und animierende Höllen-Spätlese wächst hingegen an sonnigerem Standort – so lange, bis Spätlese-taugliche Trauben am Stock hängen. Je später, desto besser, sagt auch Minges. Aber Dichtpflanzung der Reben, um den Pro-Stock-Ertrag zu senken? Trauben nach der Blüte halbieren und/oder später extrem ausdünnen? Gestaffelte Lesen? Alles darauf setzen, eine gesteigerte Traubenreife zu erzielen?

»Irrwege des Glücks«, kontert Minges und lässt erahnen, dass ihn so manches Großes Turbo-Gewächs an den Turmbau zu Babel erinnert: »Einerseits wird der Rebstock gestresst, um sein Wachstum zu bremsen; andererseits forciert man ihn künstlich zu Höchstleistungen. Aber ein Rebstock ist eine Pflanze mit eigenen Gesetzen, die es zu verstehen und zu adaptieren, nicht zu beherrschen gilt.«

Minges' nervige, nachhaltige Riesling Spätlese Buntsandstein ist kein Überwein, sondern das Kabinettstück unter den hochwertigen trockenen Rieslingen der Pfalz. Er duftet nach reifem Steinobst, Thymian und Majoran und stammt ebenfalls aus der Gleisweiler Hölle, verrät es aber nicht, denn wo er wächst, ist das Himmelreich nah: Im südlich von Gleisweiler gelegenen Südhang der Hölle fühlt man sich – die Welt zu Füßen – physisch wie seelisch erhoben und der Wein ist wie das pralle Pfälzer Leben.

Hochkarätig goldene Trauben bringen feinste Rieslinge hervor.

Dieses Leben kann auch anders feiern – erhabener, vornehmer. Weine passend zum Sonntagsanzug erzeugt Gregor Meßmer vom Burrweiler WEINGUT MESSMER: vielschichtige und elegante Weiß- und Rotweine aus in der Regel klassischen Pfälzer Rebsorten und erstklassigen Lagen. Keine Überweine, nicht mal die drei Großen Gewächse aus Spätburgunder, Weißburgunder und Riesling, sondern vielseitig einsetzbare Tischweine, die ihre Herkunft auf edle, gradlinige und grundsätzlich mineralische Weise reflektieren und am besten drei, vier oder auch zehn Jahre im Keller ruhen sollten, wenn man ihre Feinheiten aufspüren will. Faszinierend: der Burrweiler Schäwer Riesling aus der einzigen Grauschiefer-Lage der Pfalz (Schäwer ist Pfälzer Mundart für Schiefer). In der nach Süden geneigten, bis in die Ebene auslaufenden, dort von Sanden überdeckten Lage besitzt die Familie Meßmer sechs der insgesamt 25 Hektar großen Fläche, davon zwei Hektar im besonders warmen und steinigen Kernstück der Top-Lage. Hier wird das Große Gewächs erzeugt, dessen mineralische Fruchteleganz an Weine aus Rüdesheim/Rheingau erinnert. Von bemerkenswerter Feinheit ist auch der feinnervige und verspielte, zumeist recht gehaltvolle Riesling Kabinett aus dem Schäwer. Das vertrackte Regelwerk des VDP sieht vor, dass aus klassifizierten Ersten Lagen ausschließlich Große Gewächse kommen dürfen und dass ein Kabinett niemals ein solches sein kann. So sinnvoll es ist, die Verwendung von Lagen auf solche Weine einzuschränken, die auch den Charakter der Lage geschmacklich erkennen lassen, so entstehen dadurch fortlaufend neue, nicht weniger abstrakte, da zumeist mit dem Boden zusammenhängende Bezeichnungen wie »Muschelkalk«, »Kalkmergel« oder »Buntsandstein«. Bizarr und elegant zugleich ist die Lösung, die Meßmer gewählt hat: Sein Schäwer Kabinett heißt jetzt hochdeutsch »Schiefer«.

Südpfälzer Lust an der prallen Frucht zieht sich mindestens bis nach Neustadt-Haardt hinauf, während die auf aristokratischer Feinheit und Eleganz ruhende Pfälzer Klassik heute bereits in Neustadt-Duttweiler beginnt. Früher galten die hier erzeugten Weine als Säuerlinge, aber seit 20 Jahren erzeugen Rainer und Günther Bergdolt auf dem seit 1754 im Familienbesitz befindlichen WEINGUT BERGDOLT, dem ehemaligen, bereits 1290 erstmalig erwähnten Hofgut des Klosters St. Lamprecht in Duttweiler, Weißburgunder und Rieslinge, die nicht nur reif sind, sondern auch absolut eigenständig und stilsicher. Es sind weniger fruchtbetonte und schon gar nicht vordergründige, als vielmehr durchdrin-

Weingut Meßmer
Gaisbergstraße 5
D-76835 Burrweiler
Tel. +49 (0)63 45/27 70
Fax +49 (0)63 45/79 17
E-Mail:
messmer@weingut-messmer.de
www.weingut-messmer.de
Öffnungszeiten: Mo.–Mi. 8–11.30
und 13.30–17 Uhr, Do. und Fr. 8–
11.30 Uhr, Sa. 9–13 Uhr

VDP
Verband deutscher Prädikatsweingüter.

Weingut Bergdolt
Klostergut Sankt Lamprecht
D-67435 Neustadt-Duttweiler
Tel. +49 (0)63 27/50 27
Fax +49 (0)63 27/17 84
E-Mail:
weingut-bergdolt-st.lamprecht@
t-online.de
www.weingut-bergdolt.de
Öffnungszeiten: Mo.–Fr. 8–12 und
14–18 Uhr, Sa. 10–16 Uhr

Löss
Feinstaubsediment, das durch Wind abgelagert wurde.

Kabinett
Prädikat für einen – theoretisch – leichten, feinfruchtigen und spritzigen Wein, der traditionell aus eher grünen als gelben oder gar goldenen Trauben bereitet wird. In den letzten Jahren sind viele Kabinettweine allerdings alles andere als leichtfüßig.

Spontangärung
Ohne Zugabe von Reinzuchthefen einsetzende Gärung für die so genannte Wildhefen bzw. Hefen der Kellerflora zuständig sind.

gend mineralische, staubtrockene Weine mit rassiger bis cremiger Eleganz, die am besten zum Essen passen. Neben puristischen, säurepräignanten Rieslingen werden aus drei verschiedenen, optisch alles andere als spektakulären Lagen eine ganze Reihe von Weißburgundern erzeugt. Von ihnen zählen die im kalkreichen Lössboden gewachsenen Spätlesen St. Lamprecht, vor allem aber das in Kirrweiler kultivierte Mandelberg Großes Gewächs mit zum Besten, was die deutschsprachige Weinwelt aus dieser international unterschätzten Sorte zu bieten hat. Während für die klaren und gradlinigen Kabinettweine Trauben aus Parzellen mit schwereren Böden und von jüngeren Anlagen verarbeitet werden, kommen die deutlich vielschichtigeren Spätlesen aus älteren, Mitte der 1980er-Jahre neu bestockten Weingärten. Der körperreiche und komplexe, über zehn und mehr Jahre haltbare Mandelberg zeichnet sich durch edle, zartcremige Saftigkeit und feinnervige, spielerische Rasse aus. Die Bergdolts verzichten bei ihren Lagenweinen generell auf den biologischen Säureabbau ebenso wie aufs kleine Holzfass, um die dezente Sortenfrucht nicht zu gefährden. Die Kellerwirtschaft ist in klassischer deutschsprachiger Manier völlig unspektakulär, aber die Weißburgunder des Hauses sind in ihrer unaufgeregten, tiefgründigen Art nichts weniger als spektakulär.

In den letzten Jahren haben die Bergdolts ihren sehr guten trockenen Rieslingen vom Löss (Duttweiler Kalkberg, Kirrweiler Mandelberg) den noch stärkeren Reiterpfad Riesling Großes Gewächs vom Ruppertsberger Buntsandstein an die Seite gestellt. Seit dem auch Jahre nach der Lese noch jung wirkenden 1999er zählt dieser von kühler Mineralität, reifer Pfirsichfrucht und belebender Säure geprägte Riesling zu den ausdrucksvollsten der Mittelhaardt. Dennoch präsentiert Rainer Bergdolt (sein öffentliche Auftritte meidender Bruder Günther ist das unbekannte Gesicht der fabelhaften Bergdolt-Brüder) seine Weine stets freundlich und bescheiden, aber ohne jeden Eigenkommentar. Während andere Winzer eifrig und beschwörend von Böden und Terroir reden, von Spontangärung und Individualität, sprechen bei Bergdolt allein die Weine – zu erzählen haben sie schließlich genug. Möglicherweise gelten sie vielen phrasenverseuchten Beobachtern genau deshalb als unspektakulär, weil sie keine reißerischen Worte geliefert bekommen, weder von Bergdolt noch von seinen so faszinierend subtilen und langlebigen Weinen.

Geschnittene Ruten fördern den Aufbau von Humus.

Der Maikammer mit Kirrweiler und Duttweiler verbindende Speyerbach bildet die geologische Grenze zwischen der südlichen und nördlichen Pfalz. Während im Süden Lehm und Löss vorherrschend sind, dominiert nördlich des Bachs bis hinauf nach Bad Dürkheim der Buntsandstein die Weinbergsböden. Prompt übernimmt der Riesling die Hoheit über die Rebflächen.

In Haardt, dem gleich nördlich von Neustadt direkt unterhalb der Haardt gelegenen historischen Ort, sind die mit Lösslehm oder Ton bedeckten Böden tiefgründig und bringen Weine von intensiver Mineralität, aber auch reicher Frucht hervor. Entsprechend gibt es hier noch einen letzten Rest Südpfälzer Anarchie: zahlreiche Guts- und Prädikatsweine in allen nur erlaubten Geschmacksrichtungen, die aus unterschiedlichsten, nahezu komplett weißen Rebsorten erzeugt werden. Riesling ist König, aber welch ein Hofstaat! Stefanie Weegmüller-Scherr vom über 330 Jahre alten WEINGUT WEEGMÜLLER jedenfalls benötigt die gesamte Länge ihres mehrere Meter messenden Tischs, um alle Weine eines Jahrgangs darauf platzieren zu können: Rieslinge, Rieslaner, Gewürztraminer, Scheureben, Muskateller in unterschiedlichsten Spielarten: Willkommen in Deutschland!

»Tradition heißt nicht, Asche aufzubewahren, sondern das Feuer am Brennen zu halten«, sagt die Winzerin eingangs der Probe. Wie sie selbst, so sind auch ihre saftigen, aromatischen und energiegeladenen Weine aufrichtig schnörkellos und typisch pfälzisch. »Die Frucht der Traube ins Glas zu bringen«, lautet Weegmüllers von Schwarz inspiriertes Motto, und kaum ein Wein kraftmeiert in dieser Hinsicht unverschämter als ihre Gewürztraminer Alte Reben Spätlese trocken aus dem Haardter Bürgergarten, eine Art Urviech unter den Traminern dieser Welt: Körbe vollreifer Litschi, 1000 duftende Rosen, ein Kilo geriebener Muskat – dieser Wein ist so zupackend und kraftvoll, so saftig, extraktreich und ölig, dass er ohne Münsterkäse kaum zu bewältigen scheint. Dass er trotz allem frisch ist und einen mineralischen Nerv hat, macht ihn zu einem großen Erlebnis.

Dass der Haardter Herrenletten »eine der besten Lagen der Pfalz« sei, wie Hans-Günther Schwarz meint, stellt

Weingut Weegmüller
Mandelring 23
D-67433 Neustadt-Haardt
Tel. +49 (0)63 21/8 37 72
Fax +49 (0)63 21/48 07 72
E-Mail:
weegmueller-weine@t-online.de
www.weegmueller-weine.de
Öffnungszeiten: Mo.–Fr. 8–12.30 und 13.30–17 Uhr, Sa. 9–14 Uhr, jeden ersten Sa. im Monat geschlossen

Scheurebe, der »andere« Sauvignon blanc

Die Geschichte der neudeutschen Rebsorte Scheurebe – 1916 von Georg Scheu in Alzey/Rheinhessen aus Silvaner x Riesling gekreuzt – ist genauso eine Achterbahnfahrt wie die Qualität ihrer Weine. Eine gelungene »Scheu« ist ein Strauß aus Fruchtaromen, die von schwarzen Johannisbeeren bis zu gelber Grapefruit und sattem exotischen Obst reichen. Körperreich, sehr saftig und mit lebhafter, aber nicht pointierter Säure wirkt sie wie ein Riesling unter Doping! Eine misslungene Scheu ist hingegen nicht nur kantig und grasig (wie ein schlechter Riesling), sondern zeigt auch eine Duftnote, die von Fachleuten sehr treffend als »Katzenpisse« beschrieben wird. Die Sorte verlangt eine warme Lage und einen gewissen Aufwand im Weinberg, wenn die Weine regelmäßig gelingen sollen. Lange Jahre wurde ihr diese Aufmerksamkeit viel zu selten geschenkt, weil Scheu unter dem Ruf einer Neuzüchtung litt, die vor allem für billige süße Weine tauge. Der Ursprung des gegenwärtigen Aufschwungs liegt wie die Entstehung der Sorte wiederum in Rheinhessen. Dass sich diese Revolution in Rheinhessen abspielt (wobei aber höchst gelungene Beispiele in anderen Gebieten nicht übersehen werden sollten, etwa von Wirsching in Iphofen/Franken, von Pfeffingen in Bad Dürkheim/Pfalz oder von Müller-Catoir in Neustadt/Pfalz), leuchtet ein, weil in diesem Gebiet über die Hälfte der 2000 Hektar Scheurebe-Fläche Deutschlands liegt.

Voller verkannter Facetten: Silvaner/Sylvaner

Wer nicht gerade Franke ist, zuckt vor einem Silvaner (anderorts auch Sylvaner geschrieben) eher zusammen, anstatt zusammenlaufendes Mundwasser zu verarbeiten. Das Problem: Der Silvaner besitzt noch immer ein schlechtes, »herb-erdiges« Image und zu wenig Eigenaroma, um sich gegenüber den Riesling-Duftbomben durchzusetzen. Dass eine der vor 100 Jahren wichtigsten weißen Sorten im deutschsprachigen Raum mehr an Boden verliert (und weltweit nie eine Rolle spielen durfte), ist angesichts ihres in Wahrheit sehr subtilen, milden und ausgewogenen Charakters bedauerlich. Trocken ausgebaut ist der Silvaner ein vorzüglicher Speisenbegleiter. Bei fachgerechtem Ausbau erinnert sein zumeist dezentes Bukett an Äpfel, Birnen, Quitten, Nüsse, Honig, Wiesenkräuter, Gras und Heu. Noch dazu ist der Silvaner ein faszinierend präziser Bote des Bodens, dem er entstammt – was ihn zu einer äußerst facettenreichen, vielseitig einsetzbaren Rebsorte macht. Ihre stilistische Bandbreite jedenfalls ist hoch: Vom leichten, würzigen Zechwein über den reichhaltigen Grand Cru bis hin zur noblen Trockenbeerenauslese gelingt ihm praktisch alles – wenn man ihn adäquat behandelt. Zwar ist die recht spät reifende Sorte nicht sonderlich widerstandsfähig gegen Frost, Oidium und Botrytis, aber andererseits ist ihre lange Vegetationszeit eine gute Voraussetzung, vielschichtige und tiefgründige Weine zu erzeugen. Sie verlangt indes nach guten Lagen mit etwas tieferen Böden sowie die pflegende Hand des Winzers. Übersteht der Silvaner alle Klippen, trägt er reiche, wohlschmeckende Früchte mit viel Saft und fruchtiger Süße. In Österreich, wo die natürliche Kreuzung aus Traminer x Österreich Weiß wahrscheinlich ausgelesen wurde, spielt der Silvaner auf knapp 50 Hektar heute keine Rolle mehr. Dafür eine umso bedeutendere in Deutschland, wo sich mit 5383 Hektar die mit Abstand größte Silvanerfläche weltweit befindet – noch, denn zwischen 1999 und 2005 sind hier 1500 Hektar zumeist alter Reben gerodet worden. Franken, das auf 1247 Hektar eine stattliche Zahl hochklassiger Silvaner erzeugt und sich wie keine andere Region zum Silvaner bekennt, gilt als das bedeutendste Anbaugebiet der Sorte, während in Rheinhessen auf einer doppelt so großen Fläche – bis auf wenige Ausnahmen aus dem Hügelland – kaum Silvaner von großem Format erzeugt werden. Auch die einstmals bedeutende Pfalz hat sich des Silvaners weitgehend entledigt (noch 900 Hektar), während die Elsässer noch etwa 2000 Hektar vor sich haben, um ihren einstmals stolzen (auf Schiefer- und Muschelkalkböden auch heute mancherorts noch brillierenden) Silvaner vergessen zu machen. Im Wallis wie auch in Südtirol gibt es einige Silvaner-Teppiche mit köstlichen Ergebnissen, doch viel mehr Raum bleibt der Sorte nicht zur Rehabilitation.

Weegmüllers mangosaftiger und animierender Riesling Kabinett Haardter Herrenletten ebenso wenig in Abrede wie die Riesling Spätlese Alte Reben, ein saftig-kraftvoller Wein mit Biss, tiefgründiger Mineralität und wonniger Wucht! Mit aristokratischer Finesse oder gespreizter Eleganz hat dieser Wein ebenso wenig am Hut wie weitere Highlights des urtypischen Pfälzer Weinprogramms, aus dem die Auslesen aus im Land der heiligen Terroirs fast schon verbotenen Früchten wie Scheurebe und Rieslaner herausragen.

Zum Weingut Weegmüller verhält sich das direkt benachbarte WEINGUT MÜLLER-CATOIR wie die Hofoper zum Volkstheater. Die Weine setzen diese Analogie ebenso fort wie die hinter ihnen stehenden Persönlichkeiten. Die Weegmüllerin ist eindeutig und direkt, Diplomatie ist ihre Sache nicht, eher beißt sie sich auf die Lippen. Jakob Heinrich Catoir hingegen, der die lebende Legende Schwarz durch den nicht minder begnadeten und begabten Martin Franzen ersetzt und den Betrieb an seinen Sohn Philipp übergeben hat, drückt sich gewählt und präzise aus. Präzision prägt auch die Arbeiten im Weinberg, wo exakt auf die angestrebten Prädikate hingearbeitet wird, wie im Weinkeller, wo jede einzelne Parzelle für sich ausgebaut wird – denkbar schonend im Edelstahl und mit langer Lagerzeit auf der Feinhefe.

Die Weine – nahezu ausschließlich weiß und mehrheitlich Riesling – sind auch heute von atemberaubender Klarheit, aromatischer Intensität und aristokratischer Eleganz. Hier gibt es keine Geschmacksexplosionen und keine rinnenden Säfte, dafür sind die Weine zu verwoben in ihrer vornehm-perfekten mineralischen Struktur. Wenn hier überhaupt etwas explodiert, dann ist es der nach Fassung ringende Intellekt, nicht das Herz: Genau darin unterscheiden sich die trockener ausgebauten, noch etwas vielschichtigeren und vom Boden geprägten apollinischen Weine des Moselaners Martin Franzen von den fruchtbetonteren, opulenteren Wein-Dionysien seines Pfälzer Vorgängers Hans-Günther Schwarz.

Dabei besitzen die neuen Weine des Guts durchaus Körper, die trockenen Kabinette zwölf bis 13 Volumenprozente Alkohol, die trockenen Spätlesen werfen eine sichere 13 auf die Alkoholwaage. Dennoch wirken sie stets filigran und finessenreich.

»Die hohe Reife benötigen wir, um an komplexe Aromen

Auslese
In Deutschland und Österreich weingesetzlich geschützte Bezeichnung bzw. Prädikat für Weine mit einem Mindestmostgewicht von 100° Öchsle bzw. 21° KMW. Ein solcher Wein ist in Österreich obligatorisch süß, während es in Deutschland auch trocken ausgebaute Auslesen gibt. Das jeweils notwendig hohe Mostgewicht wird allein mit vollreifen bzw. überreifen und edelfaulen Trauben erzielt. In der Regel werden sie ausgelesen.

Weingut Müller-Catoir
Mandelring 25
D-67433 Haardt
Tel. +49 (0)63 21/28 15
Fax +49 (0)63 21/48 00 14
E-Mail: weingut@mueller-catoir.de
www.mueller-catoir.de
Öffnungszeiten: Mo.–Fr. 8.–12 und 13–17 Uhr, Sa. 10–14 Uhr

zu kommen«, erläutert Franzen. »Wichtig ist es, die hohe Traubenreife mit mineralischer Substanz und reifer Säure abzufangen, um einen eleganten und lang anhaltenden Abgang zu bekommen.«

Bereits der in die Literflasche gefüllte trockene Gutswein ohne Rebsortenangabe und der in 0,75 Liter abgefüllte MC4 Weißburgunder trocken sowie der Riesling trocken entscheiden darüber, ob man sich geschmacklich zu Hause fühlt oder nicht: Es sind präzise in der Frucht, feingliedrig in der Struktur und verblüffend nachhaltige Weine.

Die mit Schmackes und Körper aufwartenden Kabinettweine sind alles andere als Leichtfüßler, dennoch tanzt etwa der aromatische, filigran gebaute Mussbach Riesling Kabinett trocken auf seiner reifen Fruchtsäure wie eine Elfe. Die Lage Eselshaut, mit sandigem Lehm bedeckt, ist die am tiefsten gelegene Lage; hier wachsen feinfruchtige, rassige Weine mit Alkoholgradationen zwischen 11,5 und 12,5 Volumprozent heran, die für den Kabinett-Typ bestens geeignet sind. Der kompaktere, tiefere Boden des am Haardt-Rand gelegenen Haardter Bürgergartens bringt dagegen kraftvollere und reichhaltigere Weine hervor, was der Riesling Spätlese, egal ob fruchtig oder trocken, am besten steht: Sie ist weniger verspielt als saftig und gehaltvoll – die fruchtigen, etwa neun Volumprozent Alkohol leichten Spätlesen jedenfalls sind überwältigend und zählen zu den sinnlichsten Rieslingen der Pfalz. Vortrefflich ist auch der vollmundige und körperreiche trockene Muskateller, mit der man ein kross gebratenes Hähnchen verspeisen sollte!

Lagenunterschiede, zumal in Haardt, arbeitet Franzen derart subtil heraus, dass auch professionelle Weinverkoster lange damit beschäftigt sind, die feinen Unterschiede zwischen der trockenen Riesling Spätlese Herrenletten (füllig, saftig, elegant) und der aus dem Bürgergarten (beinahe tropisch, gehaltvoll, feinrassig) herauszuschmecken. Das gelingt kurz nach der Füllung noch am besten, dann aber verschließen sich die Weine für ein bis zwei Jahre ein wenig, um Atem zu holen für ihren danach einsetzenden Höhenflug.

Auf den schweren Lössböden des Gimmeldinger Mandelgartens erzeugt Müller-Catoir saftige Riesling Spätlesen mit kaum versteckter reifer Pfirsichfrucht sowie – im Gimmeldinger Schlössel – Rieslaner Beeren- und Trockenbeeren-

Trockenbeerenauslese (TBA)
In Deutschland und Österreich gesetzliche Bezeichnung für hochkonzentrierte edelsüße Weine, die aus rosinenartig geschrumpften Beeren erzeugt werden.

auslesen von Weltklasse. Rieslaner? Eine Würzburger Züchtung aus Silvaner x Riesling mit saftiger, konzentrierter Frucht und feiner Säure. Sie verbindet den saftigen Schmelz des Silvaners mit der rassigen Eleganz des Rieslings, und da sie vom Silvaner die dünnen Beerenhäute geerbt hat, kann Botrytis die Beeren früher, schneller und sicherer konzentrieren als beim Riesling. Für die Erzeugung hochwertiger Prädikate ist der früher reifende Rieslaner daher prädestiniert. Weltweit gibt es dafür keine eindrucksvolleren Beweise als bei Müller-Catoir.

In Gimmeldingen hat Steffen Christmann das nunmehr in siebter Generation geführte WEINGUT A. CHRISTMANN in den letzten Jahren zu einem der innovativsten und besten Betriebe der gesamten Pfalz gemacht. Seinem Ziel, herauszufinden, was einen Wein prägt und besonders macht, ist er mit seinen letzten Jahrgängen immer näher gekommen. Seine Rieslinge und Spätburgunder sind schlanker und feiner, zugleich aber auch vielschichtiger und intensiver geworden, sie haben eine Länge entwickelt, die nicht drängelt oder powert, sondern generös und entspannt fließt. Das war nicht immer so. Als Christmann 1996 die Leitung übernahm, erzeugte er einige Jahre lang ausgesprochen kraftvolle und opulente, fruchtbetonte Weine, die zum Teil mehr versprachen, als sie heute zu halten imstande sind. Mit dem außergewöhnlich heißen Jahrgang 2003 setzte die Denkwende ein, seitdem sind 13, maximal 13,5 Volumenprozent Alkohol »völlig ausreichend« für das, was Christmann vor allem anstrebt: Weine, die auf

Weingut A. Christmann
Peter-Koch-Staße 43
D-67435 Gimmeldingen
Tel. +49 (0)63 21/6 60 39
Fax +49 (0)63 21/6 87 62
E-Mail:
weingut.christmann@t-online.de
www.weingut-christmann.de
Öffnungszeiten:
nach Vereinbarung

… aber er kommt wieder.

ausgewogene und animierende Art durch ihre Herkunft geprägt sind, nicht durch ungezügelte Wucht.

Nicht das Mostgewicht entscheidet über die Güte des Weins, sondern der Geschmack. So einfach wie es klingt, ist diese Sache doch für Winzer des deutschsprachigen Raums, die in einer Öchsle-Werte-Gemeinschaft groß geworden

Rechtsanwalt, Winzer und VDP-Präsident Steffen Christmann hat keinen Grund zu klagen, seine Rieslinge und Spätburgunder zählen zu den subtilsten und vielschichtigsten in der Pfalz.

sind, so schwer zu begreifen wie Einsteins Relativitätstheorie. Die neue Einsicht – die längst noch nicht in allen Betrieben angekommen ist – basiert nicht zuletzt auf der Tatsache, dass die bei ehrgeizigen Winzern heute obligatorisch niedrigen Erträge es relativ leicht gemacht haben, hohe Mostgewichte und damit hohe Alkoholwerte zu erzielen. Die meisten ambitionierten Weine der Pfalz werden bereits zu einem vergleichsweise frühen Zeitpunkt (im Oktober) mit 105° Öchsle und mehr gelesen, was einem potenziellen natürlichen Alkoholgehalt von 14,5 Volumenprozent entspricht. In der Tat sind viele dieser Turbo-Weine vor allem wuchtig, aber nicht unbedingt reich an Geschmack. Um diesen zu maximieren, ohne zugleich hohe Alkoholgradationen in Kauf nehmen zu müssen, hat Christmann 2004 zunächst auf ökologische, ein Jahr später dann auf biodynamische Bewirtschaftung umgestellt: zum Wohle eines gemäßigten, ausgewogenen Wachstums und zur Stärkung der Eigenabwehrkräfte der Rebe. Seitdem, sagt Christmann, schießen seine Reben nicht mehr in den Himmel, und er kann seine Trauben Anfang November bei den angestrebten Maximalmostgewichten von 95 bis 99° Öchsle lesen. Sein extrem mineralischer, kompakter und zugleich verspielter Idig Riesling Großes Gewächs wächst in der recht steilen, von Kalkmergelboden geprägten Königsbacher Spitzenlage. 2005 kam er mit 12,6 Volumenprozent Alkohol in die Flasche, für ein Pfälzer Großes Gewächs ein durchaus bescheidener Wert. Dennoch fehlt es diesem Wein wie auch dem überaus subtilen und finessenreichen Idig Spätburgunder Großes Gewächs an nichts – sie gehören zu den feinsten und charaktervollsten Weinen der Pfalz.

Doch nicht nur die Großen Gewächse demonstrieren Christmanns Gespür für Terroir: Selbst die Ortsrieslinge – Gimmeldinger, Königsbacher, Ruppertsberger und Deidesheimer – unterscheiden sich deutlich voneinander. Während etwa der fordernde Königsbacher Riesling seine goldenen Beeren in steinerner Faust umschlossen hält und sich als enger Verwandter des Idig zu erkennen gibt, zeigt sich der feinwürzige Ruppertsberger Riesling vom Buntsandstein offenherziger in der Frucht: kühl, elegant und nervig, bietet er ein heiteres Vorspiel zur Großen Riesling-Oper vom Reiterpfad! Die aus klassifizierten Lagen stammenden trockenen Spätlesen sind komplexer und persönlichkeitsstärker, aber nicht wuchtiger; die Großen Gewächse nochmals fokussierter, individueller, aber nicht stoffiger. Sogar der Gutsriesling ist ein Vorbote großer Rieslingkunst: feinfruchtig, saftig, mit anregender Säure und mineralischer Würze.

Zwischen Gimmeldingen und Kallstadt gibt es kein anderes Weinsortiment, das es an Stilsicherheit und Klasse mit dem von Christmann aufnehmen könnte, und das ist angesichts des Renommees von Gemeinden wie Deidesheim, Forst, Wachenheim und Bad Dürkheim ein Meilenstein in der sich munter erneuernden Pfalz. Die »drei Bs«, die Traditionsweingüter Bassermann-Jordan, Reichsrat von Buhl und Dr. Bürklin-Wolf haben das Gebiet seit Mitte des 19. Jahrhunderts bekannt gemacht – mit feinfruchtigen, eleganten

Ökologischer Weinbau
Innerhalb der EU-Richtlinien für den Ökologischen Landbau geregelter Weinbau, der auf die Gesundheit von Natur und Verbraucher ausgerichtet ist. Die Standards des Ökologischen Weinbaus sind am schärfsten in privatrechtlichen Anbauverbänden wie Ecovin, Bioland, Naturland oder Demeter formuliert.

Öchsle, Oechsle
In Deutschland gebräuchliche, auf Christian Ferdinand Oechsle (1774–1852) zurückgehende Maßeinheit zur Bestimmung des Mostgewichts. Der Öchslewert gibt an, um wie viel Gramm schwerer ein Liter Most gegenüber einem Liter Wasser ist, danach wiegt ein Liter mit 90° Öchsle 1090 Gramm.

Pfalz schmecken

MUSKATELLER
Weingut Ökonomierat Rebholz/Siebeldingen

Hansjörg Rebholz erzeugt von allen Rebsorten, die er im Anbau hat, Referenzweine, auch von Muskateller. Diesen gibt es, je nach Jahrgang, in drei Ausführungen. Der Kabinett trocken ist frisch und pikant; die Spätlese saftig, pikant, elegant; die Auslese Godramsteiner Münzberg edel, nach Rosinen duftend und von betörender Schönheit.

WEISSER BURGUNDER SPÄTLESE TROCKEN
MUSCHELKALK
Weingut Dr. Wehrheim/Birkweiler

Wehrheims Weine sind frisch und klar wie der Pfälzer Wald in einer Mainacht um vier Uhr morgens, und ihre Säure ist so präsent wie der Bock im Fadenkreuz des passionierten Jägers. Wehrheims Weißer Burgunder Mandelberg setzt der Sorte die Krone auf. Die kräuterwürzige und quittensaftige Spätlese ist ihr fülliger und kraftvoller Vorbote.

RIESLANER AUSLESE HAARDTER HERZOG
Weingut Müller-Catoir/Neustadt-Haardt

Wer Weltklasse-Weine einkellern möchte, für den sind die oft erst im Dezember gelesenen edelsüßen Rieslaner von Müller-Catoir eine sichere Bank! Sie sind es aber auch für diejenigen, die sie gleich trinken wollen, und müssten sogar jene Konsumenten süchtig machen, die sich vor Süßwein fürchten. Die unterhalb des Haardt-Rands gewachsene Herzog-Auslese ist kühl und vornehm in dem an Rosinen erinnernden Duft, saftig, dicht und unwiderstehlich rassig im Geschmack, kein bisschen aufdringlich, außer der Erinnerung: Man vergisst sie nicht so leicht.

RIESLING TROCKEN
Weingut A. Christmann/Gimmeldingen

Welchen Stil ein Weingut pflegt, verrät zumeist bereits der Gutswein. Bei Christmann macht er jedenfalls Lust auf mehr, denn für einen Wein seiner Preiskategorie besitzt er ungeniert viele gute Eigenschaften, vor allem aber – Reife und Ausdruck! Alles Weitere ist gesteigertes Vergnügen.

JESUITENGARTEN RIESLING
Weingut J. L. Wolf/Wachenheim

Solange der Bernkasteler Freigeist Ernst Loosen nicht auf Linie schwimmt, erhält man auf seinem Pfälzer Weingut vielschichtige, ausgewogene und animierende Rieslinge aus einigen der renommiertesten Lagen Deutschlands für vergleichsweise wenig Geld. Der sinnlich saftige und zugleich kühl mineralische Jesuitengarten Riesling vereint die Feinheit des Pechsteins mit der Komplexität des Ungeheuers und stellt sich als delikater Riesling von großer Klasse vor.

BLACK PRINT
Weingut Klaus Schneider/Ellerstadt

Diese Gerbstoffe: süß, reif, aber auch straff. Dazu eine überschwängliche, aber saubere, präzise Frucht und eine Riesenportion Pfälzer Charme. Die Cuvée aus St. Laurent, Syrah, Merlot und Cabernet Sauvignon ist ein eng geschnürtes, dicht gepacktes Fruchtpaket mit erstaunlicher Kraft.

CUVÉE HÖHENFLUG
Weingut Walter Hensel/Bad Dürkheim

Sicher, man kann schwärmen von den warmen, intensiven, lang anhaltenden Aromen von Schwarzkirsche, Brombeere, Mokka und Tabak. Oder von den zartcremigen Gerbstoffen, die so poliert wirken wie eine Schellackplatte. Oder von der Eleganz und Finesse dieses Überfliegers aus Cabernet Sauvignon, Merlot und Frühburgunder. Doch besser ist es: einfach probieren!

SCHEUREBE AUSLESE
Weingut Pfeffingen-Fuhrmann-Eymael/
Bad Dürkheim

Die Auslese ist atemberaubend: kristallklar, mit feinem, zupackendem Spiel und einem Raffinement, wie man es bei dieser oft viel zu banal schmeckenden Sorte nur leider allzu selten findet. Ein Gebirgsbach, an dem unter einem strahlenden Himmel Litschis wachsen. Man schmeckt die köstliche Frucht in all ihren Facetten, den Kern, die feine Herbe und die vollreife Süße.

und praktisch unsterblichen Rieslingen aus bis heute weltberühmten Lagen wie etwa Deidesheimer Kalkofen, Langen-
morgen, Hohenmorgen, Forster Kirchenstück, Jesuitengarten, Ungeheuer, Pechstein und Wachenheimer Gerümpel.
Auch heute erzeugen sie in diesen besonders geschützt liegenden sanften Hängen, die sich in erster Linie durch den Boden
und kaum fühlbare mikroklimatische Eigenschaften unterscheiden, erstklassige Rieslinge mit üppigen Fruchtaromen,
eleganter Säure und feinwürziger bis wie ein Vulkan beben-
der Mineralität. Doch sind diese Weine häufig von einer Fülle und Wucht, als müssten sie Stiernacken, Schweinebauch,
Saumagen und Weintrinker zugleich bezwingen.

»Think big« lautet das Motto, das beim WEINGUT DR.
BÜRKLIN-WOLF in Wachenheim besonders deutlich wird.
Hier steht die Qualitätspyramide praktisch Kopf: 15 Rieslingen aus gutsintern als Erste Lagen (Edition P. C.) oder Große Erste Lagen (Edition G. C.) klassifizierten Herkünften
stehen nur eine Handvoll Guts- und Ortsrieslinge gegenüber: brillant und leicht, aber zuweilen auch etwas fade der
einfache Riesling trocken; mit feiner gelber Steinobstfrucht,
dezenter Honigsüße der Wachenheimer Riesling Kabinett
trocken. Die Lagen-Rieslinge können, aber müssen nicht
großartig sein. Es sind kraftvolle, dichte und üppige Weine
mit saftiger Tropenfrucht und einer durchdringenden Mineralität, die vor allem die oft herausragenden Großen Ersten
Lagen Kirchenstück, Jesuitengarten, Pechstein und Ungeheuer sowie den Wachenheimer Erste Lage Böhlig davor bewahrt, zu wuchtig zu munden.

Doch die Natur meint es nicht nur gut mit den berühmtesten Lagen der Pfalz, in den letzten Jahren häufen sich die
Probleme: Trockenheit und Hagel im Sommer bereiten den
Reben Stress, danach führt starker Regen Ende September/
Anfang Oktober zu Fäulnis. Dann müssen die Trauben in
den klassifizierten Ersten Lagen, wo die Erträge ohnehin
sehr niedrig liegen, zugunsten klarer, sauberer Weine rigoros selektiert werden, womit die finale Erntemenge weiter dezimiert wird. Ertragseinbußen von 50 bis 90 Prozent
bei den Großen Gewächsen – wie in den Jahrgängen 2005
und 2006 – und damit verbundene finanzielle Verluste sind
die Folge. Um den Herausforderungen des Klimawandels
besser gewachsen zu sein, bedarf es neuer Strategien. So
wird auch beim Weingut Dr. Bürklin-Wolf die gesamte Reb-

Weingut Dr. Bürklin-Wolf
Weinstraße 65
D-67157 Wachenheim
Tel. +49 (0)63 22/9 53 30
Fax +49 (0)63 22/95 33 30
E-Mail: bb@buerklin-wolf.de
www.buerklin-wolf.de
Öffnungszeiten:
täglich von 11–18 Uhr

Reichsrat von Buhl:
Riesling-Tradition verpflichtet.

Weingut Reichsrat von Buhl
Weinstraße 16
D-67146 Deidesheim
Tel. +49 (0)63 26/9 65 00
Fax +49 (0)63 26/9 65 24
E-Mail: info@reichsrat-von-buhl.de
www.reichsrat-von-buhl.de
Öffnungszeiten: Mo.–Fr. 9–12 und
13–18 Uhr, Sa., So. und an
Feiertagen 10–12 und 13–17 Uhr

Weingut Bassermann-Jordan
Kirchgasse 10
D-67146 Deidesheim
Tel. +49 (0)63 26/60 06
Fax +49 (0)63 26/60 08
E-Mail:
hauck@bassermann-jordan.de
www.bassermann-jordan.de
Öffnungszeiten: Mo.–Fr. 8–12 und
13–18 Uhr, Sa., So. und an Feier-
tagen 10–15 Uhr

fläche seit 2005 biodynamisch bewirtschaftet. Außerdem bekommt der seit Anfang der 1990er-Jahre verstärkte Rotweinanbau mit dem zunehmenden Alter der Rebstöcke eine immer größere Bedeutung: Für die aus Dornfelder, Cabernet Sauvignon, Cabernet Franc, Merlot, Syrah, Sangiovese, Nebbiolo sowie Tempranillo erzeugten Rotweine steht seit 2005 mit Stefan Dorst ein international gefragter Rotweinberater im Dienst des Weinguts. Was er bewirkt, bleibt abzuwarten. Die gekonnte, zwei Jahre nach der Lese in den Verkauf kommende Villa Bürklin Cuvée Prestige aus Cabernet Sauvignon, Cabernet Franc und Merlot jedenfalls könnte auch als südafrikanischer Rotwein im Regal stehen – was kaum die passende Antwort auf die sich verändernden klimatischen Verhältnisse sein kann.

Auch das Deidesheimer Weingut Reichsrat von Buhl, das wie auch das benachbarte Weingut Bassermann-Jordan nicht mehr der im Weingutsnamen enthaltenen Familie gehört, sondern dem Neustädter Unternehmer Achim Niederberger, fokussiert auf die Großen Gewächse, von denen immerhin sieben erzeugt werden, sichert sich aber durch weitere Säulen ab: Die im Haus nach Champagner-Methode erzeugten Schaumweine zählen zu den feinsten in Deutschland, die vielschichtige Eleganz und Finesse des Forster Pechstein Riesling brut ist vielen Prestige-Champagnern ebenbürtig. Die Spätburgunder Spätlese trocken ist fein und elegant, die blanken edelsüßen Weine faszinieren hingegen wenig, und alles andere als überzeugend geraten die mitunter schwerfällig Kabinettweine. Bei den Großen Gewächsen – klar, kraftvoll, pfirsichfruchtig, würzig mineralisch und nachhaltig   verdienen sich der von saftiger Mineralität gezeichnete Pechstein, das würzige, saftige und anhaltend mineralische Ungeheuer sowie das vornehme Kirchenstück allerdings beste Noten.

Das Deidesheimer Weingut Bassermann-Jordan, das über zahlreiche Spitzenlagen verfügt und zu Beginn des 19. Jahrhunderts als Erstes in der Pfalz reinsortig Riesling auspflanzte, setzt auf ein breites, zumeist trocken ausgebautes Angebot, das für jeden Geschmack und vor allem zum Essen etwas Passendes bereit hält. Neben Riesling in allen Spielarten (der Rebflächenanteil beträgt noch 90 Prozent) auch Weiß- und Grauburgunder, Chardonnay und sogar Sauvignon blanc. Bemerkenswert ist, dass hier auch einfachere Weine mit der gleichen Ernsthaftigkeit und Stilsicherheit erzeugt werden wie die Großen Gewächse. Seit Jahren pflegt der technische Betriebsleiter Ulrich Mell einen sehr präzisen, feingliedrigen und eleganten Weinstil. So kann man hier erstklassige Rieslinge aus erstklassigen Lagen erstehen, die alltags- anstatt nur feiertagstauglich und dennoch lagen- und jahrgangstypisch sind. Bei den Großen Gewächsen ragt das elegante und finessenreiche Kirchenstück heraus. Hohes Niveau besitzen auch die pikanten edelsüßen Weine aus Scheurebe, Gewürztraminer und Riesling.

Körperreiche und geschliffene trockene Rieslinge aus den renommierten Lagen der Mittelhaardt erzeugt überdies das Forster WEINGUT GEORG MOSBACHER. Sie bestechen durch Brillanz, Feinfruchtigkeit und Mineralität, das kühl distanzierende und zugleich feurig lockende Ungeheuer Großes Gewächs ist seit Entstehung dieser Kategorie ein prototypisches Beispiel eines modernen Pfälzer Spitzenweins.

Eine ganze Reihe kleinerer Weingüter im historischen Ort, dessen Weinen seit Generationen eine dem schlanken Kirchturm vergleichbare Festigkeit und Eleganz zugeschrieben wird, streben hochwertige Rieslinge an. Unter ihnen fallen die großzügigen, saftigen Weine vom WEINGUT HEINRICH SPINDLER, die verspielten, feinrassigen Weine vom WEINGUT LUCASHOF und die kernigen Weine vom WEINGUT LINDENHOF EUGEN SPINDLER besonders häufig positiv aus.

Auch das kleine WEINGUT ACHAM-MAGIN in Forst erzeugt eindrucksvolle und charaktervolle Große Gewächse – Kirchenstück und Reiterpfad: beides sind tiefgründige Rieslinge mit Rasse und Mineralität. Jedoch stehen hier vor allem die in Forster, Ruppertsberger und Deidesheimer Spitzenlagen erzeugten trockenen Kabinette und Spätlesen im Fokus der Erzeugung.

»Unsere Kunden wollen nicht nur die großen, körperreichen Weine trinken«, weiß Anna-Barbara Acham-Magin, die das Gut seit 1994 führt und 95 Prozent der erzeugten Menge – zu 80 Prozent Riesling – direkt an Privatkunden verkauft, einen guten Teil davon im Gutsausschank. »Die Nachfrage ist so hoch wie nie, wir können gar nicht genug Riesling haben«, staunt die so vornehme wie tatkräftige Winzerin, was angesichts der Klasse ihrer trocken ausgebau-

Weingut Georg Mosbacher
Weinstraße 27
D-67147 Forst
Tel. +49 (0)63 26/3 29
Fax +49 (0)63 26/67 74
E-Mail: info@georg-mosbacher.de
www.georg-mosbacher.de
Öffnungszeiten: Mo.–Fr. 8–12 und
13.30–18 Uhr, Sa 9–13 Uhr

Weingut Heinrich Spindler
Weinstraße 44
D-67147 Forst
Tel. +49 (0)63 26/2 80
Fax +49 (0)63 26/78 77
E-Mail: hch.spindler@t-online.de
www.spindler-weine.de
Öffnungszeiten: nach Vereinbarung

**Weingut Lindenhof
Eugen Spindler**
Weinstraße 55
D-67147 Forst
Tel. +49 (0)63 26/3 38
Fax +49 (0)63 26/75 56
Öffnungszeiten: Mo.–Fr. 10–12 und
13.30–18 Uhr, Sa. 10–16 Uhr und
nach Vereinbarung

Weingut Acham-Magin
Weinstraße 67
D-67147 Forst
Tel. +49 (0)63 26/3 15
Fax +49 (0)63 26/62 32
E-Mail: info@acham-magin.de
www.acham-magin.de
Öffnungszeiten: Mo.–Fr. 9–12 und
15–21 Uhr, So. und an Feiertagen
11–13 Uhr

Anna-Barbara Acham-Magin verkauft den Großteil ihrer kleinen, aber feinen Forster Riesling-Kollektion ab Hof. Dort lassen sich ihre Kunden durch ihr Charisma überzeugen, nicht durch Kritiker-Punkte.

ten Prädikatsweine nicht wundert: Der Forster Ungeheuer Riesling Kabinett trocken etwa wuchert generös mit reifen Pfirsich- und Tropenfruchten und verfugt über einen enorm saftigen, zugleich aber auch gradlinigen Geschmack mit pikanter Säure. Acham-Magin tut sich schwer damit, zugunsten des elitären Grand-Cru-Konzepts auf die Lagennamen bei ihren Kabinettweinen und Spätlesen zu verzichten. »Wir besitzen nur Spitzenlagen, die meisten davon sind inzwischen als Erste Lage klassifiziert. Demnach dürften wir unsere Weine künftig nur als Große Gewächse verkaufen, nicht aber als trockene Prädikatsweine. Täten wir dies, würde uns der Mittelbau wegbrechen und damit wohl auch unsere Kundschaft.«

Nach 159 Jahren Jordan'scher Teilung gelang es dem Neustädter Unternehmer Achim Niederberger innerhalb von fünf Jahren Ende 2007 die drei Weingüter Bassermann-Jordan, Reichsrat von Buhl und Dr. Deinhard wieder zu vereinen. Die Güter, die zusammen rund 150 Hektar Reben in den allerbesten Lagen bewirtschaften, werden jedoch auch weiterhin eigenständig geführt. Besonders spannend dürfte die Entwicklung im Weingut Dr. Deinhard werden, wo der neue Direktor Stephan Attmann seit Beginn 2008 in die Vollen geht und u. a. auf ökologische Bewirtschaftung umstellt, Handlese, Spontanvergärung, Holzfassausbau, langes Hefelager einsetzt und keinerlei Schönung (außer bei den edelsüßen Rieslingen) zulässt. Zur Lese 2009 wird auch ein modernes Kelterhaus mit drei Etagen, das eine absolut schonende Traubenverarbeitung gewährleisten soll, fertiggestellt. »Hier werden große, puristische, aufregende Weine entstehen«, verspricht Attmann – und macht mit den charaktervollen und zugleich feinen 2008ern bereits hoffnungsvolle Andeutungen.

Weingut Dr. Deinhard
Weinstraße 10
D-67146 Deidesheim
Tel. +49 (0)63 26/2 21
Fax +49 (0)63 26/79 20
E-Mail: weingut@dr-deinhard.de
www.dr-deinhard.de
Öffnungszeiten:
nach Vereinbarung

Think big« – dieses Motto könnte auf eine ganz andere Weise für Ernst Loosen von Weingut Dr. Loosen in Bernkastel/Mittelmosel gelten, der seit 1996 das mit besten Wachenheimer und Forster Lagen ausgestattete WEINGUT J. L. WOLF in Wachenheim gepachtet hat, um seinen überwiegend fruchtigen und edelsüßen Mosel-Rieslingen körperreiche und trockene Pfälzer an die Seite zu stellen. Doch Loosen denkt klar und missversteht Grand Cru nicht einfach als big. Der Moselaner, der in der Pfalz auch nach zwölf Jahren noch ein Außenseiter ist, vertritt die Meinung, dass Terroir-Charakter nur innerhalb einer gewissen Reifespanne, nicht aber mit Überreife und Botrytis erzielt werden kann: »An der Mosel reichen 85 bis 90° Öchsle, um lagentypische Weine zu erzeugen, und in der Pfalz sind 92 bis 95° ideal.«

Loosen liest seine Trauben, wenn sie reif sind, 100 bis 110 Tage nach der Blüte, also in der Regel Anfang Oktober und damit deutlich früher als die meisten Kollegen. Seine Rieslinge, Weiß- und Grauburgunder kommen fast nie über 13 Volumenprozent hinaus, der 2005er Pechstein wog lediglich 12,9, das Ungeheuer gar nur 12,6 Volumenprozent. Wäre Alkohol ein Qualitätsindikator, wäre Loosens Literwein der beste – der bringt es auf 13 Volumenprozent.

Das Weinsortiment von J. L. Wolf ist geradezu vorbild-

Weingut J. L. Wolf
Weinstraße 1
D-67157 Wachenheim
Tel. +49 (0)63 22/98 97 95
Fax +49 (0)63 22/98 15 64
E-Mail: J. L. Wolf@drloosen.de
www.jlwolf.com
Öffnungszeiten:
nach Vereinbarung

Grauburgunder, alias…

Grauburgunder, auch Ruländer genannt, gehört zur Burgunderfamilie. Neben Italien ist Deutschland das Hauptanbaugebiet dieser weißen Rebsorte, vor allem in Baden, Rheinhessen, in der Pfalz und an der Nahe. Die Sorte ist eine Mutation aus dem Spätburgunder. Die Bezeichnung »Grauburgunder« wurde in Deutschland erst ab 1980 auf dem Etikett vermerkt. Die Traubenreife verläuft ähnlich wie beim Spätburgunder, wobei der Wein mehr Zucker und daher mehr Alkohol produziert. Der Traubenname geht auf den Kaufmann Ruland aus Speyer zurück, der diese Rebe im Jahre 1711 erstmals in Deutschland anpflanzte. Aus der Ruländer-Traube können Weine mit viel Körper und Fülle vinifiziert werden. Im Bukett sind sie delikat und voll, in der Säure mild und im Geschmack kräftig, würzig und aromatisch (Melonen, Rosinen, Blütenhonig). Interessant an dieser Sorte ist neben ihrem Geschmack auch die Namensvielfalt, denn sie hat zahlreiche Synonyme wie Edelklevner (Deutschland), Grauburgunder (Österreich), Grauer Klevner, Grauer Münch, Grauer Riesling, Malvoisie (Schweiz), Pinot grigio (Italien), Pinot gris (Frankreich), Rulandac oder Sivi Pinot (Slowenien), Speyerer, Szürkebarát (Ungarn), Pinot Benrot (Burgund) und Tokay d' Alsace (Elsass bis 2006, dann als Name nicht mehr zugelassen, Weine müssen von da an mit Pinot gris bezeichnet werden). Im Burgund wuchs die Rebe früher oft inmitten von Pinot noir (mit dem sie aufgrund der ähnlichen Blattform auch leicht zu verwechseln ist) und brachte in die Rotweine Fülle ein. Nach Österreich kam sie bereits im 13. Jahrhundert durch die Zisterzienser, woher sich auch die Bezeichnung »Grauer Münch« für die Rebsorte ableitet. Die Beeren haben eine Farbe zwischen graubläulich bis rötlichbraun, nicht selten kommen alle Schattierungen auf einer einzigen Traube vor.

Der variationsreiche Kerner

Die Sorte Kerner entstand 1929 aus der Kreuzung des rötlichen Trollinger mit dem weißen Riesling an der Staatlichen Lehr- und Versuchsanstalt für Wein und Obstbau in Weinsberg, Württemberg. Der Name geht auf den Weinsberger Dichter Justinus Kerner (1786 bis 1862) zurück. Während der 1960er- und 1970er-Jahre breitete sich der Kerner in vielen deutschsprachigen Weinanbaugebieten aus und wurde zu einer wichtigen Quelle für Liebfraumilch und andere günstige Konsumweine. Obwohl die Rebsorte nicht ganz unproblematisch im Anbau ist, kann man ihr mit etwas Mühe einen großen Ertrag entlocken. Durch diese meistens dünnen und immer süßen Weine wurde ihr Ruf regelrecht ruiniert. Nur in konservativen Regionen, wo der trockene Ausbau dominiert, wie in Sachsen und dem Eisacktal/Südtirol, genießt die Sorte ein gewisses Ansehen. Seit der Jahrtausendwende gibt es aber bedingt durch eine immer weiter verbreitete Umstellung von süß auf trocken sowie die von einfachen und lauten Aromen (vor allem der Eisbonbonton) auf vielschichtige Aromen (schwarze Johannisbeeren, Zitrusfrüchte, Ananas oder gar Maracuja) eine wahre Kerner-Renaissance. Um einen neuartigen Kerner zu erzielen, darf der Winzer die spätreife Traube nicht zu früh lesen, die Ertragsmenge muss unter Kontrolle bleiben, und es darf nicht zu übermäßiger Edelfäule kommen. Dann ist die Vinifizierung recht einfach, und exzellente Ergebnisse können im Edelstahltank erzielt werden. Etwa parallel zur Scheurebe, wenn auch deutlich langsamer, mausert sich der Kerner zu einer echten Alternative zum Sauvignon blanc in der deutschsprachigen Weinwelt.

lich gestrafft und organisiert. In jeder Lage wächst nur ein einziger Wein. Zweitweine oder abgestufte Prädikate aus Vorselektionen existieren nicht. Die Rieslinge kommen als Lagenweine auf den Markt, die Weiß-, Grau- und Spätburgunder hingegen mit der Zusatzbezeichnung Alte Reben. Wie bei Christmann, so spiegeln die Ortslagen auch bei Wolf die unterschiedlichen Bedingungen hinsichtlich Klima und Boden wider. Der Wachenheimer Riesling ist offener und verspielter als der eher zurückhaltende, mineralisch geprägte Forster. Die gutsintern als »2. Große Lage« klassifizierten Rieslinge aus den Wachenheimer Spitzenlagen Goldbächel (filigran, mineralisch pur), Gerümpel (saftig, dicht und pikant) und der Monopollage Belz (reichhaltig und rauchig) sind deutlich voneinander unterschieden, obgleich sie in einem Umkreis von nur 250 Metern wachsen. Von den als »1. Große Lage« klassifizierten Forster Grands Crus ragt das komplexe Ungeheuer mit furioser Kombination von üppiger Frucht, kühler, filigraner Säurestruktur heraus. Das nervig-mineralische Säuregerüst hält auch den feinsaftigen Pechstein in eleganter Form, während der florale Jesuitengarten die Feinheit des Pechstein mit der Vielschichtigkeit des Ungeheuers verbindet und seine vornehme Art recht zugänglich offenbart. Dass es die Flaschen von J. L. Wolf sind, die bei Verkostungen am schnellsten geleert werden, spricht für sie und gegen die auf »big« geeichten Kritiker.

Jedem Anfang wohnt ein Zauber inne.

Zwischen Wachenheim und Bad Dürkheim liegt linker Hand auf 350 Metern Höhe das neurestaurierte, von Wald umgebene WEINGUT ODINSTAL des Bad Dürkheimer Unternehmers Thomas Hensel. Die mit Riesling, Silvaner, Weißburgunder, Auxerrois und Gewürztraminer bestockten und ökologisch bewirtschafteten Weinberge sind mit die am höchsten gelegenen und daher kühlsten in der Pfalz. Der junge Andreas Schumann, der u. a. bei Hans-Günther Schwarz gelernt hat, ist für die in Edelstahltanks ausgebauten und bis zuletzt unmanipulierten Weine verantwortlich. Auch wenn Forst oft von den etablierten Weingütern der Mittelhaardt als Heimat der basalthaltigen Böden der Pfalz gefeiert wird, stammt der Forster Basalt von einem trichterförmigen Steinbruch oberhalb des Orts nahe dem Weingut Odinstal. Aber auch hier sind die Böden eine Mischung aus

Weingut Odinstal
Odinstalweg
D-67157 Wachenheim
Tel. +49 (0)7 00/63 46 78 25
E-Mail: mail@odinstal.de
www.odinstal.de
Öffnungszeiten:
nach Vereinbarung

Basalt und der Verwitterung anderer Gesteinsarten, vor allem Buntsandstein und Muschelkalk. Da lagebedingt die Odinstal-Trauben auf kleiner Flamme ausreifen, sind die Weine keine typischen Pfälzer Saft- und Kraftpakete: Sie sind schlanker und kühler, weniger fleischig in der Frucht, verfügen aber über eine geradezu salzige Mineralität. Der

So unspektakulär können spektakuläre Lagen aussehen: Zwischen Forst und Wachenheim liegen zahlreiche der berühmtesten Pfälzer Rieslinglagen wie eine scheinbar homogene Masse nebeneinander. Die Unterschiede liegen vor allem im Boden und im Kleinklima.

kraftvolle, aber keineswegs wuchtige Riesling Basalt ist ein rauchender Vulkan mit einer Pfirsichfrucht, die nicht wabert, sondern mit feinrassiger Säure und würziger Mineralität straff geschnürt ist. Der gradlinige Weißburgunder ist puristisch mineralisch, feinrassig und elegant – ein für die Pfalz ganz und gar ungewöhnlicher, fast nach Südtirol anmutender Wein: Die Erneuerung des Pfälzer Paradieses scheint keine Grenzen zu kennen – weder in Bezug auf die kultivierten Lagen noch die bekannten Stile.

»Übermut tut selten gut« ist ein fragwürdiges deutsches Sprichwort. Und selten passte es weniger als auf die aktuellen Pfälzer Verhältnisse, in denen das renommierte Mittelstück nicht nur vom Süden, sondern auch vom Norden her mit einem passenderen Sprichwort gefordert wird: »Wer nicht wagt, der nicht gewinnt.« *Stephan Reinhardt*

W ie gut Übermut tatsächlich tun kann, beweist der 2003er rote Portwein aus Bad Dürkheim, der diesen Namen trägt. Moment, ein Portwein aus der Pfalz? Wie soll das unter vollkommen anderen klimatischen Bedingungen als in der Heimat des Portweins, dem portugiesischen Dourotal, und mit ganz anderen Rebsorten gelingen?

2003 haben drei mutige Nordpfälzer Jungwinzer all diese sachlichen Einwände ignoriert und sich beim Meister der Portwein-Erzeugung Dirk van der Niepoort kundig gemacht, welche Art von Trauben dafür notwendig sind und wie man sie am besten verarbeitet. Dann haben sie einfach losgelegt: hochreife, dickschalige Trauben der neuen Sorte Cabernet Cubin sind während der Gärung mit den nackten Füßen stundenlang zu lauter Rockmusik gestampft worden, danach ist die Gärung durch die Zugabe von Branntwein unterbrochen worden, um eine bedeutende natürliche Süße zu erhalten. Weiter weg von der üblichen Rotwein-Vinifizierung in der Pfalz geht es kaum. Das Ergebnis: fruchtig, beerig, ellenlang, mit aufregenden Kräuter-, Tee- und Lakritzaromen. Die Nachfolger des 2003er sind weiterhin portartige Rote, für die ältere, verfügbare Jahrgänge untereinander verschnitten werden – fast schon im Stil eines fünf Jahre alten Tawny Port. Doch des Übermutes nicht genug, gesellt sich ab dem Jahrgang 2004 noch ein weißer Portwein aus Muskat-Ottonel-Trauben hinzu. Laut Thomas Hensel – der Bad Dürkheimer Jungwinzer, nicht der Bad Dürkheimer Unternehmer und Eigner des neuen Weinguts Odinstal – »der erste weiße deutsche Portwein und ein noch abgefahrenerer Stoff mit einem ganzen exotischen Früchtekorb im Glas«. Überdies haben Hensel und seine Mitstreiter Markus Schneider und Karsten Peter sich ganz unverblümt »Pfalz hoch Drei« genannt – eine freche Antwort auf die berühmten drei »B's«, die großen etablierten Weingüter der Mittelhaardt.

»Alles ist möglich« – bringt denn auch Jochen Schmitt vom Weingut Egon Schmitt in Bad Dürkheim die positive Aufbruchstimmung in der Nordpfalz auf den Punkt, die man als Winzer auch dringend braucht, will man sich abseits der renommierten Weinorte wie Forst, Deidesheim oder Wachenheim profilieren – und aufregende Visionen vom neuen Pfälzer Wein verwirklichen: »Durch das Kultivieren der Reben an den Jahrmillionen alten Bruchstellen des

Portwein
Meist süß aufgespriteter Likörwein aus dem oberen Duro-Tal in Nordportugal. In der Pfalz hat es bislang für solche Gewächse keine Tradition gegeben.

Hochreife, dickschalige Beeren geben während der Gärung fruchtige, aber auch kräutrigwürzige Aromen nebst Farbstoffen frei.

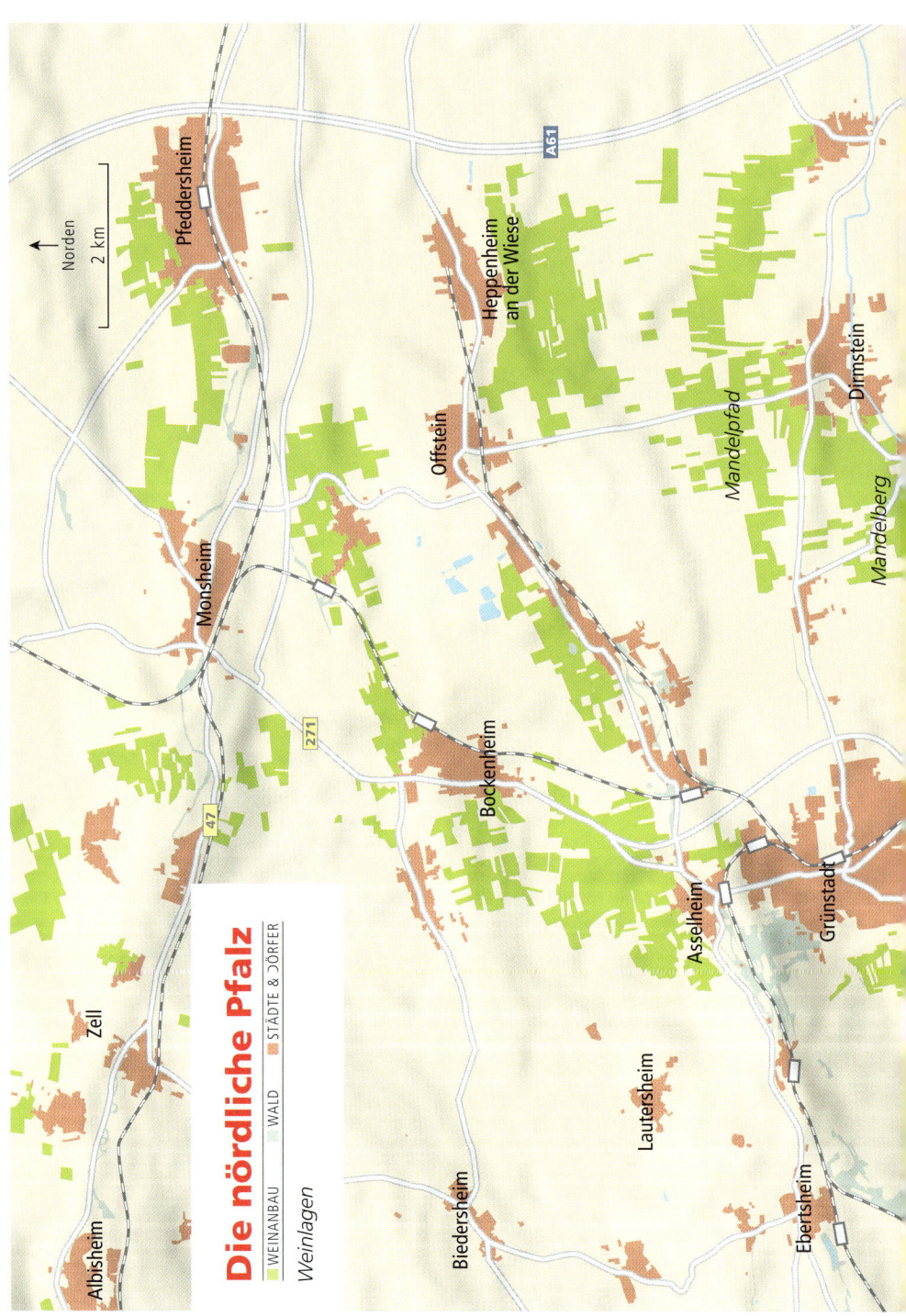

Die nördliche Pfalz

■ WEINANBAU ■ WALD ■ STÄDTE & DÖRFER

Weinlagen

Norden
2 km

Pfeddersheim

A61

Heppenheim
an der Wiese

Offstein

Dirmstein

Mandelpfad

Mandelberg

Monsheim

271

47

Bockenheim

Asselheim

Grünstadt

Zell

Lautersheim

Biedersheim

Ebertsheim

Albisheim

Oberrheingrabens, durch das zweimalige Füllen und wieder Ablaufen eines Meeres mit all seinen Kalksedimenten, durch den Antrag mächtiger Lössauflagen durch Flugsande, das Gletschergeröll vergangener Eiszeiten und die Schwemmsande des Rheines selbst sind wir vom Terroir her die potenziellen Alleskönner.«

Ein Land der unbegrenzten Möglichkeiten also. Was hier stattgefunden hat, ist einfach eine Neuorientierung des Naturgegebenen, und nur weil das historische Renommee fehlen mag, heißt das noch lange nicht, dass hier keine großen Weine wachsen. Ganz im Gegenteil!

Alles können, aber nichts müssen – diese Erfolgsformel ist allein schon deshalb so ungemein spannend, weil die Nordpfalz mit großen Weinen sowohl aus internationalen Cabernet-Sorten als auch von den Klassikern wie Spätburgunder und Riesling aufwarten kann: Portugieser Einzelstück, Kallstadter Saumagen Riesling Auslese trocken R, der rote Höhenflug und Ikarus, die Cuvée X R sowie der Spätburgunder Großes Gewächs Im großen Garten und das Pendant Steinbuckel aus dem Laumersheimer Mandelberg: Das sind originäre Produkte einer vinologischen Intelligenz, die Winzern wie Markus Schneider, Bernd Philippi, Thomas Hensel, den Knipser-Brüdern und Philipp Kuhn schon in die Wiege gelegt zu sein scheint. Bei diesen jungen und nicht mehr ganz so jungen Wilden hat man das Gefühl, dass das große Kino im Kopf stattgefunden hat, lange bevor der Wein seinen Auftritt im Glas hat. Das ist das Besondere an diesen Winzern: Sie haben die relevanten Zusammenhänge erkannt und eine genaue Vorstellung davon, was einen guten Wein ausmacht, wo er am besten wächst und wie er zu schmecken hat. Unbeirrt und vielleicht auch ein bisschen stur haben sie sich auf die Suche nach dem gemacht, was sie für richtig halten, und erst dann festgestellt, dass auch das Publikum ihnen folgt. Das ist ein wesentliches Merkmal für die Entwicklung eines eigenen, unverwechselbaren Stils!

»Der Winzer lässt sich von Kunden zwingen«, sagt Bernd Philippi vom Weingut Koehler-Ruprecht in Kallstadt, und Markus Schneider vom Weingut Klaus Schneider in Ellerstadt fügt selbstbewusst hinzu: »Wir Typen setzen uns in dem Wein immer durch!«

So musste sich das Gebiet, vielleicht stärker und auch etwas später noch als in der südlicheren Pfalz, seine Traditio-

Cuveé
In erster Linie ein Wein, der aus dem Verschnitt verschiedener Rebsorten zumeist eines Gebiets zusammengestellt wird oder aus verschiedenen Kelterungen derselben Sorte.

Entstehungsort berühmte Pfälzer Weine: der Kallstadter Saumagen.

nen erst selbst schaffen, und so rückt der Winzer als weltoffener und gleichzeitig heimatverbundener Macher hier
umso stärker in den Fokus.

»Ohne Horizont geht gar nichts«, sagt Volker Knipser
und legt allerdings wie sein Bruder Werner großen Wert
darauf, dass es nicht nur um Experimentierfreude und Inno-
vation, sondern auch um Respekt vor echten traditionellen
Werten und klassischen Ausbaumethoden geht. Dazu gehört aber eben auch der Mut, Dinge in Frage zu stellen, alte
Zöpfe rigoros zu kappen, falsche Traditionen von süßlichen,
faden Rotweinchen zu brechen und einfach einmal etwas zu
riskieren. Und das hat eben auch etwas mit der Pfälzer Men-
talität zu tun und dem Lebensgefühl in der weiten, heiteren
Landschaft, wo es weniger eng zugeht als in vielen anderen
Teilen des deutschsprachigen Raums.

Eben genau das ist also der Ausgangspunkt für diesen Teil
der Pfalz ab Bad Dürkheim und weiter nördlich: ein sehr offener, noch wenig durch Traditionen und Vorgaben stilistisch eingeengter, weitläufiger Landstrich, wo die einzelnen
Weinorte wie kleine Inseln in einem Weinmeer verstreut
wirken. Ein kunterbuntes Spielfeld, das am Haardtrand mit
schmucken Winzerhöfen beginnt und sich in die Ebene in
Richtung A 61 zieht und wo im Norden, etwa bei Bockenheim, großartige, vom Kalk geprägte Weinberge brachlie-
gen und sich der Übergang zum Rheinhessischen Wonne-
gau fast nahtlos vollzieht. Und doch gibt es eine gemein-
same Klammer, die das Zusammenspiel der Kräfte bündelt:
die kollektive Aufbruchstimmung in diesem vielleicht noch
immer unterschätzten Teil der Pfalz, der Mut zur Vielfalt
und der Mumm zum Risiko!

Ausbau
Kontrollierte Reifung des Weins
nach der alkoholischen Gärung
in Fässern oder Tanks. Der
Weinausbau kann ein paar Wochen, aber auch mehrere Jahre
dauern.

Keineswegs sind alle der neuen, aufstrebenden Shooting-
stars wie Raketen in den Sternenhimmel geschossen,
manche mussten – und müssen teilweise immer noch – hart-
näckigen Widerstand seitens der konventionellen Winzer-
schaft in Kauf nehmen. Dabei stecken in einigen,
vermeintlich modern wirkenden Weinen auch aus internationalen Rotweinsorten enorme Durchdringung und Selb-
ständigkeit. Es sind eben keine bloßen, banalen Kopien von
austauschbaren Weltweinen, sondern ureigene Interpreta-
tionen: dicht, konzentriert, markant, polarisierend und elegant. Vor allem sprechen selbst die konzentrierten Kaliber

Neue Cabernets – Die Zukunftsträger?

Lange hieß es weltweit unter Fachleuten, dass die deutschsprachigen Weingebiete keine kräftigen Rotweine erzeugen könnten, weil es dort einfach zu kalt sei. Ab den 1980er-Jahren ignorierten jedoch zahlreiche ehrgeizige Winzer dieses Vorurteil, und weit verbreitet setzte ein Rotwein-Aufschwung ein. Dabei wurde auch mit der edlen Cabernet-Sauvignon-Rebe aus Bordeaux experimentiert, weil sie als Inbegriff des kräftigen Rotweins galt. Doch wenige Jahre später wurden die meisten dieser Reben wieder ausgehauen. Die Trauben wollten nicht so richtig ausreifen, die Weine schmeckten grünlich, erinnerten schlimmstenfalls fatal an Gemüsesuppe. Eine Antwort auf diese Probleme war die Wiederentdeckung von geeigneteren einheimischen Rebsorten, vor allem Lemberger/Blaufränkisch und Dornfelder, eine andere die so genannten »neuen Cabernets« der Forschungsanstalt Weinsberg. Streng genommen gibt es vier davon: einerseits den Cabernet Cubin und den Cabernet Mitos, beides Kreuzungen von Cabernet Sauvignon mit Lemberger; andererseits den Cabernet Dorio und den Cabernet Dorsa, beides Kreuzungen von Cabernet Sauvignon mit Dornfelder. Oft wird jedoch der Acolon dazu gerechnet, eine Kreuzung von Dornfelder mit Lemberger. Im Laufe der 1990er-Jahre wurden die ersten Weinberge für kommerzielle Weinerzeugung mit diesen Sorten bepflanzt und das nicht nur in Württemberg, sondern auch am deutschen Rhein. Kurz nach der Jahrhundertwende kamen die ersten überzeugenden Weine auf den Markt. Darunter gab es einige revolutionäre Gewächse

wie 1999 den Traum vom Staatsweingut Weinsberg und ein Jahr später den Ikarus von Thomas Hensel in Bad Dürckheim/Pfalz. Plötzlich konnten die deutschsprachigen Weingebiete doch beim kräftigen, gerbstoffbetonten Rotwein mitspielen. Diese Weine sind auch sehr positiv auf der Flasche gereift; es sind beileibe keine Blender! Trotzdem muss differenziert werden. Unter der Gruppe der »neuen Cabernets« gibt es nur einen wahren Star, den Cabernet Cubin. Er scheint zu dieser Klimazone erheblich besser zu passen als der Cabernet Sauvignon und bringt sehr tieffarbige Rotweine hervor, mit einhüllenden Aromen nach schwarzen Früchten, genauso üppigen wie feinen Gerbstoffen und großer Nachhaltigkeit. Cabernet Mitos liefert zwar Weine mit enorm tiefer Farbe, aber weder mit der schönen Frucht noch dem schönen Biss wie sein Bruder. Bei Cabernet Dorio und Dorsa schlägt das Rustikale vom Dornfelder mehr oder minder immer durch. Acolon ist ein Lauthals und allzu oft etwas unfein. Schon werden die ersten Roséweine aus der Sorte kräftig beworben; ein sicheres Zeichen dafür, dass er selten besondere Rotweine ergibt. Um das Beste aus dem zukunftsträchtigen Cabernet Cubin zu locken, ist sorgsamste Weinbergspflege unerlässlich, das bedeutet niedrige Erträge, intensive Laubarbeit und späte bis sehr späte Lese. Im Keller tun dem Cabernet Cubin zwei und mehr Jahre im Eichenholzfass gut, viele Jahre in der Flasche danach auch! Das erinnert ziemlich an Bordeaux. Wer wird wohl dort als Erster die Sorte anpflanzen?   *Stuart Pigott*

auf eine ganz eigene Art deutsch und erweitern das Repertoire der Ausdrucksmöglichkeiten im deutschsprachigen Raum auf eine Art und Weise, wie sie für diesen Teil der Pfalz und für Deutschland vor zehn, 15, 20 Jahren als undenkbar erschien. Und obwohl das Gebiet auf den ersten Blick sehr heterogen erscheint und sich auch die Winzer ganz unterschiedlich definieren, so profitieren sie doch alle gemeinsam von einem traditionell »vorteilsschwachen Anbaugebiet«, wie Markus Schneider es ausdrückt: »Ich hatte nie irgendwelche Vorgaben und konnte mich völlig frei entwickeln.« Oder wie Jochen Schmitt vom Weingut Egon Schmitt in Bad Dürkheim es auf einen Nenner bringt: »In den vergangenen Jahren war das sicherlich der Vorteil der Nordpfalz, dass die Pfalz im Allgemeinen kein scharfes Profil hatte, wie etwa die Franken mit ihrem Silvaner oder die Rheingauer mit ihrem stahligen Riesling. Überall wandelten sich die Stile, wir in der Pfalz hatten keinen wirklichen und konnten so dem Markt folgen. Man genoss als Nobody in der nördlichen Pfalz recht große Freiheiten, gab es doch kaum Erwartungshaltungen an die Weine aus dem Gebiet.«

Rebschnitt bei klirrender Kälte im Januar.

Die ältere Generation unter den Nordpfälzer Starwinzern sind raumfüllende Persönlichkeiten, die keinerlei Probleme haben, ihre oft unkonventionellen eigenen Ansichten auch gegen starken Widerspruch zu verteidigen. Bei der Jugend trifft das ebenso zu, aber sie wollen darüber hinaus einem möglichst breiten Publikum ihre Begeisterung für das kreative Winzerleben vermitteln und bedienen sich dabei hemmungslos der Möglichkeiten der Popkultur. Das steht wohltuend im Gegensatz zu einer gewissen Risikoscheu, die in manch anderen deutschsprachigen Weinregionen als Hemmschuh für Erneuerung wirkt.

Das ist also die eigentliche, spannende Geschichte dieser Region, die zu den vielfältigsten weltweit gehört: die des Übermutes, der anders als bei der griechisch-mythologischen Figur Ikarus dennoch die Bodenhaftung bewahrt und auf einer Gratwanderung zwischen wertvoller Tradition und weltoffener Moderne balanciert.

Niemand verkörpert diese typische Nordpfälzer Geschichte, dass Übermut so richtig gut tut, exemplarischer als Markus Schneider vom WEINGUT KLAUS SCHNEIDER. Was ist in seinem Kopf passiert, und welche Schalter

Weingut Klaus Schneider
Georg-Fitz-Straße 12
D-67158 Ellerstadt
Tel. +49 (0)62 37/72 88
Fax +49 (0)62 37/97 72 30
E-Mail: Weingut.schneider@
t-online.de
www.weingutschneider.de
Öffnungszeiten: Mo.–Fr. 9–12 und
13–17.30 Uhr, Sa. 10–16 Uhr

wurden in den 1990er-Jahren umgelegt? Zwischen 1991 und 1994 ging Markus Schneider beim Wachenheimer Weingut Dr. Bürklin-Wolf in die Lehre und lernte dort noch, dass aus jeder Parzelle ein Fass gekeltert wurde. Nur wenige Jahre später, mit dem Jahrgang 1996, brachte der Ellerstädter einen bahnbrechenden Wein auf den Markt. Sein Name: Rotwein.

So minimalistisch dieser Wein daherkam, stellte er doch eine echte Revolution dar! Schon 1990 hatte Klaus Schneider für seinen Sohn Markus eine einmalige Chance genutzt: Er konnte ein altes Weingut mit in den 1920er-Jahren angepflanzten Portugieser-Stöcken kaufen, die im Ellerstädter Nirwana wie vielarmige Buddhas ihr Dasein fristeten. Eine Flurbereinigung gab es in diesem vergessenen Stück Land nahe den Gleisen der Haardtbahn nicht, und so konnten die knorzigen Rebenknauze mit ihren extrem »lockerbeerschen Träubschen«, wie Markus Schneider die aromareichen Mini-Früchte liebevoll nennt, sowohl den Zweiten Weltkrieg als auch das Zeitalter der deutschen Massenproduktion unbeschadet überstehen. Es interessierte sich einfach niemand für sie.

Vielleicht ist es die größte Leistung von Markus Schneider, dass er diese traditionelle, aber völlig unangesagte Sorte des germanischen Nordens wieder in das kollektive Weingedächtnis rückte. Fernab jeder Massenproduktion auf sein eigentliches Wesen konzentriert, konnte der Portugieser nun endlich seine Schokoladenseite zeigen, und das sorgte auf Anhieb für Aufsehen: dichte, blutrote Farbe, intensive Aromen von dunklen Beeren und Holunder, Lakritzwürze, Graphitnote, großzügiger Körper und Gerbstoffe, ungezähmte Wildheit und Tiefe. Noch dazu strahlte der Rotwein, der heute Einzelstück heißt, innere Ruhe aus und spielte seine Üppigkeit nobel herunter.

So war ein Portugieser also das Epizentrum für die rasanten Umwälzungen im Schaffen von Markus Schneider. Denn die völlig unterschätzten Lagen rund um Ellerstadt erwiesen sich auch als ideales Terrain für einen völlig neuen Typ von Rotwein. Fünfundneunzig Prozent der Roten von Schneider wachsen auf sandigen Kiesböden mit darunterliegendem Terrassenschotter, und diese Formation ist in Deutschland nur selten anzutreffen. Ein großer Vorteil sind die vielen aufliegenden weißen Kieselsteine. Sie reflektieren das Sonnenlicht auf die Beerenhäute, die dadurch dicker werden. Das führt zu mehr Farbe im Wein und zu festeren Tanninen, vor allem aber zu besseren Voraussetzungen (dicke, fäulnisabweisende Schalen), die Trauben noch länger hängen zu lassen, ohne dass die kompakten Beeren einschrumpeln. Wie opportun ist es da noch, von »zweitklassigen Lagen« zu sprechen?

»Ich würde das Terroir nicht auf den goldenen Gaul setzen«, sagt Markus Schneider pointiert und gründet sein Weinverständnis ganz entscheidend auch auf die Kunst der Assemblage, des Zusammenstellens verschiedener Partien im Keller. Damit schlägt er ein neues Kapitel in der deutschen Weingeschichte auf, in der reinsortige Abfüllungen einer möglichst eng definierten Herkunft traditionell an erster Stelle stehen.

Assemblage
Das Zusammenfügen von verschiedenen Grundweinen, Weinbergslagen, Traubensorten und/oder Jahrgängen auch Cuvée genannt.

Entscheidend bei Schneider ist sein Verständnis von physiologischer Reife, also von Fruchtigkeit ohne vegetative Töne wie Paprika. Ihm geht es aber nicht um Überreife, sondern sein Ziel sind Rotweine mit Dichte, Konzentration und Wärme: »Wir lassen alles hängen bis zum Erbrechen. Ich gehe voll auf die Hochreife, um uns einfach abzusetzen und etwas Besonderes zu machen.«

Dass das ein Vabanquespiel ist, ist ihm bewusst: »Pro Jahr verlieren wir etwa einen Weinberg, weil die Beeren schon überreif geworden sind.«

So sprechen seine reintönigen Weine auf eine ganz eigene Art deutsch. Und das Deutsche daran ist ihre Gliederung der Fruchtaromatik, der intensive, subtile und nachhaltige Geschmack der Sorte und der Traube, der dank der längeren Vegetationsperiode im Norden bei aller Kraft auch finessenreich ist.

Der dümmste Bauer erntet die größten Kartoffeln, ganz einfach deshalb, weil die größten Früchte oft am langweiligsten schmecken. Bei Markus Schneider sind die Beeren klein, gesund und vollreif. Das führt zu Rotweinen, bei denen ein ganzer Früchtekorb aus dem Glas quillt: frisch gepflückte, saftige Brombeeren, Blaubeeren, Holunderbeeren, Hauszwetschgen mit orangerotem Fruchtfleisch, Herz- und Knorpelkirschen. Oft scheinen diese Früchte noch von Schokolade überzogen oder auch von Kakao überpudert zu sein.

»Am wichtigsten war mir, die Schranken in meinem Kopf zu überwinden«, sagt Markus Schneider, der sich grenzüber-

greifend umsieht und viel von Dirk van der Niepoort in Portugal, österreichischen Winzern wie Pöckl und Heinrich aus dem Burgenland, aber auch von Bordelaiser Gütern wie Lynch-Bages und Comtesse de Lalande gelernt hat.

Im Keller setzt der Ellerstädter vor allem auf klassische Maischegärung von bis zu drei Monaten (!) und auf Konzentration durch Saftabzug von bis zu 40 Prozent – so schmeckt auch der üppige Saigner Rosé aus dem abgezogenen Saft richtig beerig und würzig. Modern sind die Weine nur insofern, als sie auf der Höhe der Zeit stehen und auch der Rebsortenmix sich nicht nur auf traditionelle Sorten beschränkt. Ein subtiles Spannungsfeld: »Ein blindes Streben nur nach Moderne oder umgekehrt ein krampfhaftes Festhalten an der guten, alten Zeit ist nicht nur Stolperstein, sondern Bremsklotz für jedes Weingut«, sagt Schneider.

Maischegärung
Vor allem beim Rotwein gebräuchliche alkoholische Gärung »auf der Maische«, um v.a. Farb- und Gerbstoffe aus den Traubenschalen zu lösen.

Im Jahr 2008 weihte Markus Schneider dann sein neues Kellereigebäude ein, einen 100 Meter langen, neun Meter hohen und 18 Meter tiefen anthrazitgrauen Kubus mit Pultdach. Vor der Kulisse der ansteigenden Mittelhaardt gibt das Gebäude selbst ein Statement ab. Eine Art Typenhalle für selbstbewusste Schöpfungen in einem Teil der Pfalz, der lange Jahre nicht einmal belächelt, sondern aus der Weinlandkarte meist ganz einfach ausgegrenzt wurde. So dominant sich dieser neue Kraftraum also auch geben mag, ändert der Kubus ganz zweifellos die Perspektive. Früher guckte man von der Ebene zur ansteigenden Mittelhaardt mit den etablierten Weingütern herauf – und nun hat man von dort oben beim Blick in das Tal eine völlig neue Aussicht. In Ellerstadt schaut man nirgends ab, sondern feiert stattdessen den Wein und sich selbst, mit selbstbewusst-ansteckender Lebensfreude und vital-vibrierender Energie. Ob diese Lichtpunkte wohl auch weiter oben an der Mittelhaardt wahrgenommen werden?

Gleich etwas versetzt hinter dem Kubus, der so wirkt, als wäre ein UWR, ein Unbekanntes Wein-Raumschiff, in diesem Teil der Pfalz gelandet, steht das neue Gutshaus im traditionellen Stil und bildet den Fluchtpunkt in einem weinarchitektonischen Ensemble, das ungewöhnlichen Wagemut zeigt. »Es hat sich alles geändert«, schwärmt Markus Schneider, der vom einstigen Nobody nun zu einem der anerkannten Starwinzer der gesamten Pfalz avancierte. »Wir haben früher schon mal Abfüllungen absagen müssen,

Links;
Einer der unterschätzten Weinorte der nördlichen Pfalz: Rund um Bockenheim bieten viele Weinberge ausgezeichnete, oft kalkhaltige Böden.

weil es zu kalt oder zu warm war. Doch die früheren Temperaturschwankungen sind passé. Wir können unsere Rieslinge auch länger im Fass reifen lassen und unsere Ernte notfalls auch in zwei Wochen einbringen.«

Hinter dieser Weinkultur steckt also alles andere als berechenbare Arithmetik. Für den Portugieser-Zweitwein Rotwein Alte Reben wurden die Stöcke in den 1940er-Jahren gepflanzt. Ein tiefdunkler Saftprotz mit zartcremiger Schokonote, Lakritze, vor allem Holunder, aber auch Brombeeren und Blaubeeren. Die Gerbstoffe sind wunderbar eingestimmt, und die Tiefe kommt von ganz unten aus dem Boden.

Fleischiger, reifer, noch dunkler und dichter ist der Black Print, eine Cuvée aus St. Laurent, Syrah, Merlot und Cabernet Sauvignon. Viel Tannin und noch mehr Frucht, aber auch eine Riesenportion Charme besitzt er: Brombeeren, Blaubeeren, Kirschen und Cassis – Wucht und Festigkeit überlagert durch Saftigkeit. Dank dem freundlichen Preis ein Sonntagskind für die Wochentage.

Wesentlich gerbstoffbetonter schmeckt der Steinsatz, eine Cuvée aus Merlot, Cabernet Franc und St. Laurent. Ein Wein, der an einen modernen St. Émilion aus Bordeaux erinnert: staubiges Tannin, Kräuternoten, wilde Frucht, Portnoten, Rauch, Oliven und Röstaromen. Nur mit dem Spätburgunder wird Markus Schneider (noch) nicht so richtig warm. Der M ist sicherlich ein guter Wein: Aber hat er auch die ultimative Spannung wie die anderen Roten?

Am meisten verblüfft Schneider die Weinwelt jedoch mit seinen trockenen Rieslingen, die immer puristischer und gradliniger werden. Auch da verzettelt er sich nicht, sondern macht das, was er kann: durchgegorene Weine, die rund um Ellerstadt, aber auch auf den bis auf 300 Meter Höhe gelegenen Arealen zwischen Kallstadt und Leistadt am Haardtrand wachsen. Die Weine zeigen bei aller Fruchtpräsenz ein herrlich mineralisches Säurespiel und werden mit der Hand gelesen. Sie stehen teils bis zu 36 Stunden auf der Maische und werden im Stahltank oder Holzfass ausgebaut.

Den Ausgangspunkt nahm diese Entwicklung mit dem 2001er Riesling Kirchenstück, ebenso saftig, lebendig und animierend wie die nachfolgenden Jahrgänge! Körperreich, ausdrucksvoll und rassig gibt sich der Kalkmergel, der mitunter auch dezente rauchig-speckige Nuancen zeigt. An der

Ausgedehnte Maischegärung gehört zu Markus Schneiders kraftvollem Rotweinstil.

Spitze steht der Riesling Terrassen von alten Rebanlagen, die auf ehemaligen Gletscherinseln auf einem luftigen Südhang stehen. Das ist genau das Gegenteil von kuschelig: Der feste Kern sprüht nur so vor Säurefunken. Ab 2006 neu im Sortiment ist der Basis-Riesling Loessgewann, bei dem feine Pfirsich- und Aprikosenfrucht mit sehr lebendiger Mineralität changiert.

Mitstreiter von Markus Schneider im Trio »Pfalz hoch drei« waren die beiden Bad Dürkheimer Betriebe Walter Hensel und Castel Peter. Karsten Peter war beim St. Laurent sehr abenteuerlustig und auch bei den trockenen Rieslingen auf dem besten Weg, einen ganz eigenen, feinwürzigen, mineralisch eingebundenen Stil zu finden. Im Sommer 2005 hat Karsten Peter den elterlichen Betrieb, das WEINGUT CASTEL PETER, leider verlassen, und nun führt seit April 2007 Barbara Hoffmann, eine junge ambitionierte Winzerin und Önologin, die Regie als Betriebsleiterin und im Keller.

Nachdem Wilfried Peter, der nun den Außenbetrieb betreut, zwischenzeitlich die charaktervolle Linie seines Sohnes mit einem gewissen Erfolg fortgeführt hat, sind die Weine jetzt fruchtiger und klarer, das Potenzial scheint besser ausgeschöpft zu werden. Seit 2007 ist der Betrieb auch Mitglied bei der Ecovin, einem Verband ökologisch arbeitender Weingüter in Deutschland, und in der Umstellungsphase für biologisch-organischen Weinbau.

Neu ist etwa die frische, lebendige, trockene Weißweincuvée Surprise**, die eine beträchtliche Portion Charme an den Gaumen zaubert. Konzentriert, mineralisch und ausbalanciert schmeckt der trockene Riesling Von den Terrassen **.

Der trockene Chardonnay *** hat nach wie vor eine ungewöhnlich geschmeidige Kraft, während der trockene Weißburgunder und Auxerrois ** blumig umspielte Frucht von Honigmelone und Grapefruit an den Gaumen zaubert. Tous les jours (»für jeden Tag«) aus Spätburgunder, St. Laurent, Merlot und Dornfelder macht seinem Namen alle Ehre: ein fröhlicher, charmanter Roter mit süffigen Wald- und Beerenfrüchten. Und der St. Laurent überzeugt mit feiner Frucht und Lebendigkeit, wohingegen etwa beim Pierre Noir, einer Cabernet Cuvée, die Eichenholzwürze etwas zu prägnant ist. Vielleicht könnten die Roten insgesamt noch eher etwas dichter und die Rieslinge noch differenzierter und charakterstärker im Ausdruck sein.

Weingut Castel Peter
Am Neuberg 2
D-67098 Bad Dürkheim
Tel. +49 (0)63 22/58 99
Fax +49 (0)63 22/6 79 78
E-Mail:
Weingut-castel-peter@t-online.de
www.castel-peter.de
Öffnungszeiten: Mo.–Fr. 9–12 und
14–18 Uhr, Sa 9–16 Uhr

Weingut Walter Hensel
In den Almen 13
D-67098 Bad Dürkheim
Tel. +49 (0)63 22/24 60
Fax +49 (0)63 22/6 69 18
E-Mail: henselwein@aol.com
www.weingut-hensel.de
Öffnungszeiten:
nach Vereinbarung

Ü berflieger mit Bedacht« nennt sich Thomas Hensel vom WEINGUT WALTER HENSEL, der 1990 als 19-Jähriger den elterlichen Betrieb übernommen und nach und nach modernisiert hat. Früher war die Rebveredelung das Hauptgeschäft des Betriebes, und so setzte Thomas Hensel bereits Anfang der 1990er-Jahre die ersten Reben der neuen Weinsberger Kreuzung Cabernet Cubin – dadurch hat das Weingut bei dieser Sorte einfach einen gewissen Erfahrungsvorsprung!

Vom Weingut aus kann Thomas Hensel den Segelflugzeugen vom angrenzenden Sportflugplatz zusehen – dies inspirierte ihn zu den Namen Aufwind, Höhenflug und Ikarus für seine Weine, und das Signet mit dem kleinen Flieger auf den Hensel'schen Etiketten ist zu einem Markenzeichen geworden.

Seinen Feinschliff als Winzer erhielt Thomas Hensel von Hans-Günter Schwarz, dem schon öfter erwähnten legendären Ex-Kellermeister vom Weingut Müller-Catoir. Dort lernte er, »so wenig wie möglich mit dem Wein zu machen und ihn lange auf der Hefe lagern zu lassen«. Das Ergebnis sind inspirierende Entertainer mit dem nötigen Schuss Pfälzer Gelassenheit schon im Alltagsbereich: etwa die sensationell guten Literrieslinge! Hier klingt bereits der Mut zur lebendigen Säure an. Die nächste Weinkategorie heißt Aufwind, und da ist der trockene Riesling Steinberg mit seiner ganz besonderen Duftnote von Grapefruit und Cassis zwar eine absolute Spaßgeschichte, aber man versteht erst nach dem zweiten Schluck, dass die Pointe tiefgründiger ist, als man vielleicht anfangs dachte. Die Saftigkeit beim trockenen Riesling Höhenflug ist beinahe überschwänglich und wieder verzaubert der Geschmack von vollreifen Maracuja-Noten derart, dass man sich unwillkürlich fragt, wie Weintrauben so nachhaltig, intensiv und subtil den Geschmack exotischer Früchte herbeizaubern können.

Zum Abheben schmeckt auch der üppige Grauburgunder Höhenflug, während bei den Rotweinen die Cuvée Aufwind aus Cabernet Sauvignon und St. Laurent geradezu spielerisch davonbraust. Der rote Höhenflug aus Cabernet Sauvignon, Merlot und Frühburgunder ist dann ein echter Überflieger! Die Eleganz und Finesse dieses durchaus fruchtbetonten, aber konzentrierten Weins mit dem lebendigen Geschmack von Schwarzkirsche, Brom-

beere, Mokka und Tabak müsste jedem eingefleischten Bordeaux-Fan die Tränen in die Augen treiben – vor allem auch des günstigen Preises wegen. Wahre Größe definiert sich hier durch Subtilität und einen faszinierenden Akkord von warmer Frucht und kühlem Tannin. Das ist ein Prototyp für die Revolution in diesem Teil der Pfalz: Denn hier dockt eine uralte, fast vergessene Sorte wie der Frühburgunder an eine französisch-internationale Sorte Cabernet Sauvignon an, und das Ergebnis überrascht, begeistert, fasziniert – und ist so einladend fruchtig wie auch geschliffen-kühl.

Richtig abheben möchte man schließlich auch bei dem mächtigen, enorm gerbstoffgeladenen und würzigen Ikarus aus Cabernet Cubin – Achtung, die Übermacht der Sonne droht und solch eine intensive Ausstrahlung ist ungewohnt! Ein wenig in dem großen Ikarus-Schatten befinden sich Hensels feinfruchtige und elegante Spätburgunder, die voller köstlicher Früchte stecken.

Weingut Koehler-Ruprecht
Weinstraße 84
D-67169 Kallstadt
Tel. +49 (0)63 22/18 29
Fax +49 (0)63 22/86 40
Öffnungszeiten: Mo.–Fr. 9–11.30 und 13–17 Uhr, Probe nach Vereinbarung

Ein ganz anderer Mensch als Hensel ist Bernd Philippi vom WEINGUT KOEHLER-RUPRECHT in Kallstadt, aber auch er ist auf der Suche nach perfekt ausgereiften Beeren. Wenn man den Unikatwinzer von seinen zahlreichen Verkostungen mit legendären Weinen wie Château Yquem 1811, Château Margaux 1900 oder uralten Burgundern schwärmen hört, dann begreift man ziemlich schnell, was hinter seiner Winzerkunst steckt: die permanente Schulung des eigenen Geschmackssinns als Parameter.

Nicht wenige Weinliebhaber behaupten, dass trockene Riesling Auslesen R von Koehler-Ruprecht etwa der Jahrgänge 1990 oder 1998 das Beste sind, was sie jemals in dieser Weinkategorie in Deutschland getrunken haben, und den größten Elsässer und Wachauer Spitzengewächsen in nichts nachstehen. Bernd Philippi selbst findet den tiefgründigen, mineralischen und facettenreichen 1996er keineswegs schlechter – ganz im Gegenteil. Und in die Reihe der grandiosen Meisterwerke scheint sich auch der großartig gelungene burgundisch anmutende 2004er zu reihen: der flüssig gewordene Albtraum für banale Wein-Früchtchen mit dropsigen Gummibärchen-Aromen. Philippi schätzt hingegen die Aromen von Petrol, Feuerstein und frischen Champignons in diesem Wein.

»Das sind die authentischen Aromen des Saumagens«, sagt der meist gut gelaunte Wein-Kosmopolit, der die Weintrinker in eine Pro- und eine Kontra-Fraktion spaltet: Die glühenden Anhänger der Philippi-Weine und die Weinfreunde, die bei den Weinen eine vordergründige Fruchtigkeit vermissen.

»Das macht mir aber nun rein gar nichts«, sagt Philippi und beteuert: »Wir machen hier knalltrockene Weine und haben noch nie aufgezuckert. Heutzutage ist dagegen die Suche nach dem schnellen Glück gefragt. Das haben wir nie mitgemacht, und genau das schätzt unser Publikum.«

Und dann verweist Bernd Philippi auf einen weißen 1900er Corton-Charlemagne aus dem Burgund – für den Kallstädter ein prägendes Weinerlebnis und ein Jahrhundertwein: »Der hatte genau die Aromen wie meine trockenen Saumagen-Auslesen!«

Tatsächlich wecken die besten trockenen Riesling-Auslesen aus dem Saumagen durchaus Anklänge an exzellente weiße Burgunder (vermutlich, weil sie so superkomplex-mineralisch, verführerisch opulent und so vielschichtig in ihren Geschmacksdimensionen sind), und so mancher Verkoster fühlt sich etwa bei der famosen 1998er Auslese R etwa an einen atemberaubenden Bienvenue Bâtard-Montrachet der Domaine Ramonet aus Chassagne-Montrachet in der Côte d'Or erinnert. Tatsächlich gibt es hier durchaus mehr als eine Brücke, und auch für Philippi zählt bei der Weinbereitung das empirische Wissen mehr als ein önologisches Diplom. Bernd Philippi ist ebenfalls Instinktwinzer durch und durch, er vertraut seiner Intuition, seiner Erfahrung und seinem Bauchgefühl – und versteht es wie kaum ein zweiter das Klischee vom früh zugänglichen, »hingepfrutschelten« Riesling durch ein anderes Klischee zu konterkarieren: das vom in der Jugend nur schwer zu verstehenden, ja für manche gar fehlerhaften Weines. So finden sich immer wieder Bemerkungen wie: »Der hat ja Kork!«, wenn in der Weinkritik die jungen Rieslinge von Philippi verkostet werden.

Tatsächlich aber passen diese Weine nicht in das gängige Schema vom klinisch-sauberen Riesling und sind auf Zeit angelegt. Nach entsprechender Belüftung verschwinden dann auch mögliche störenden Aromen. Philippis Rieslinge entfalten ihr Potenzial eben erst nach Jahren! Sie profitieren auch in der Genussreife, die oft erst nach über einer Dekade

Aufzuckern
Anreicherung durch Zusatz von Zucker, oder (ganz selten) Mostkonzentrat, (rektifiziertem bzw. geschmacksneutrale Traubenmostkonzentrat) zur Erhöhung des Alkoholgehalts.

oder noch länger einsetzt, und das Erstaunen ist dann über das mächtige Potenzial dieser fast schon majestätischen Unikate groß. Ein großer Wein ist nun einmal auch flüssige Zeit, und man möchte sich unwillkürlich fragen, ob ein Wein, der in der Jugend schon so schön ist, auch in der Genussreife noch so intensiv strahlen kann?

Hat den klassischen Ausbau im Holzfass verfeinert und keltert grandiosen Riesling aus dem Kallstadter Saumagen: Weinkosmopolit Bernd Philippi.

Tatsächlich sind es eben auch Rieslinge und nicht Chardonnay-Weine, und daher ist die vielkolportierte burgundische Dimension nur die halbe Miete. Bernd Philippi setzt wie beim grandiosen 1996er Saumagen R ebenso energisch auf einen rasanten Säurekick, den die großen Chardonnay so nicht haben und der in Burgund in noch cremigere Materie und oft auch ziemlich viel Holzgeschmack eingehüllt ist. Philippi möchte die nackten Tatsachen des Riesling und des Saumagens enthüllen, und das ist durch und durch Rieslingtypisch! Schließlich gibt es auch noch die wunderbar leichtfüßigen trockenen Kabinettweine, wahrhaft luxuriöse Alltagsweine mit formidablem Zischfaktor. Köstliche Früchte, die am Gaumen zu reinem Wohlgefühl zerplatzen. Profunde Brillanz. Ein sehniges Getränk von zeitlos scheinender Straffheit, die erfrischt, nicht zu viel will, sondern wie ein richtiger Schluck Riesling aus der Pfalz, aus dem Saumagen und von Philippi schmeckt. Was möchte man mehr?

Bernd Philippi hat auf den Trend zu immer zugänglicheren Weinen seine eigene Antwort gefunden und auch im Jahrgang 2007 wahrlich spektakuläre Weine gekeltert. Erstmals vinifizierte Philippi, der ab dem Jahrgang 2008 vom Kellermeister Günter Deeters (vormals Weingut Karl Schaefer siehe Seite 78) unterstützt wird, auch eine trockene Auslese RR. Dieses nach Feuerstein duftende Weinmonument wird voraussichtlich erst 2014 freigegeben, und dieser überhaupt nicht monolithisch, sondern äußerst lebendig schmeckende Riese von Wein steht noch am Anfang einer großen Entwicklung. Der Säurekick ist hier ebenso Ausweis für das vibrierende Riesling-Spiel, wie solch ein Wein auch die üblichen Parameter der Weinkritik scheinbar mühelos außer Kraft setzt: Wie soll man solch einen Wein beurteilen, der dann erst auf den Markt kommt, wenn viele der jetzt hoch gelobten 2007er womöglich schon am Ende ihrer dann doch relativ kurzen Entwicklung stehen?

Geiztrauben – traditionelles Winterfutter für die Vögel und Wildschweine im Weinberg.

Die südlich ausgerichteten Filetstücke des Saumagens sind tatsächlich genauso außergewöhnlich wie der mächtige Corton-Berg im Burgund. Zur römischen Zeit war diese Lage ein Kalksteinbruch, und diese riesige, mit Brocken aus Kalkstein aufgefüllte Senke ist einzigartig und darf auch genauso schmecken. Früher standen im Saumagen Silvanerreben, und erst der 1890 geborene Ernst Koehler, Großvater von Bernd Philippi, begann dort ab 1920 Rieslingreben zu setzen. Koehler leitete bis 1969 das Weingut und war ein absoluter Verfechter des Naturweingedankens. Er ist das erklärte Vorbild für Bernd Philippi.

Dabei hat der Enkel nicht nur den klassischen Ausbau des Rieslings im Holzfass weiter verfeinert, sondern sich durch penibelste Selektion der Trauben einen Namen gemacht. So werden – je nach Jahrgang – für die trockenen Auslesen nur die besonders aromatischen, gesunden, kleinen Beeren nach den Farben Gold, Gelb und Grün gelesen, getrennt ausgebaut und erst später abhängig vom Geschmack des Jungweins verschnitten. Dann zeigt sich der Triumph des nicht-frucht-dominierten Weins: ein sehr frisches, originäres Aroma, das den Saumagen deutlich schmeckbar macht und rein gar nichts gemeinsam hat mit eher modischen Reifenoten.

»Man kennt das so nur nicht und kann die Aromen

dann oft gar nicht einordnen«, sagt Philippi nachdenklich schmunzelnd.

Allerdings ist der Winzer keineswegs ein verbohrter Traditionalist, sondern als Weinbauberater längst globalisiert: der Pfälzer, der Lebenslust, Weinwissen und Bauchgefühl unschlagbar in seiner Persönlichkeit vereint, ist weltweit gefragt. Und so weiß er auch mit der Barrique umzugehen und feilt unermüdlich an der natürlichen Ausstrahlung seiner im kleinen Eichenholzfass ausgebauten Burgunder mit dem Philippi-Etikett. Der Holzeinsatz bei den Spätburgundern, die als beste Selektion mit dem RR auf den Markt kommen, wurde in den letzten Jahren etwas zurückgenommen und ist jetzt tadellos: vitale Kirschfrucht, lebendige Säure, feine Kontur und typisches Pinotparfüm. Ein energiegeladener Dialog von Kalk und eleganter Frucht, der wie beim 1998er selbst nach neun Jahren noch Spannung hat. Parallel zur Stilistik der trockenen Saumagen-Rieslinge sind die Rotweine in ihrer Jugend eher zurückhaltend und dezent in der Frucht, dafür aber selbstbewusste Persönlichkeiten mit gradlinigem Bau, während der Auftritt der Weine auf dem WEINGUT KNIPSER in Laumersheim fruchtiger und offener, aber ebenso markant und auf Langlebigkeit angelegt ist.

Weingut Knipser
Hauptstraße 47–49
D-67229 Laumersheim
Tel. +49 (0)62 38/7 42 oder 24 12
Fax +49 (0)62 38/43 77
E-Mail: mail@weingut-knipser.de
www.weingut-knipser.de
Öffnungszeiten: Mo.–Fr. 10–12 und
14–18 Uhr, Sa. 10–16 Uhr, So. und
an Feiertagen geschlossen

Ein Besuch bei den Brüdern Volker und Werner Knipser fängt ganz harmlos an – doch wehe, wenn der Motor erst einmal angesprungen ist! Experimentierfreude, Liebe zum Wein und konsequentes Qualitätsstreben sind der Zündstoff zweier sich liebevoll-kabbelnder und dabei gegenseitig befruchtender Charaktere: der ernsthaftere, zurückhaltendere Volker und der lebenslustige, selbstbewusstere Werner. Was hier stattgefunden hat und immer noch stattfindet, ist eine Neuorientierung des Naturgegebenen.

Die Knipsers waren den allermeisten Pfälzer Winzern immer ein paar Schritte voraus, und aktueller Beweis dafür ist das imposante neue Kellergebäude mit Platz für etwas über 1000 Barriques – fast schon eine kleine Weinkathedrale.

Der innovative Impuls manifestierte sich jedoch zu einer Zeit, als es in den 1970er-Jahren eigentlich gar keinen richtigen deutschen Rotwein gab, der Betrieb den Doppelnamen Knipser-Johannishof trug und der Diplomchemiker Werner Knipser in der Weinaromaforschung arbeitete. Schon damals wussten die Brüder also, was technisch möglich war, um einen Wein mittels Aromahefen und Enzymen aufzudonnern, aber genau das lehnten – und lehnen – sie vehement ab und setzen stattdessen auf rigoros niedrige Erträge.

Wie bei Markus Schneider bildete der Portugieser den Ausgangspunkt für die dynamische Entwicklung. Der

Aromahefen
Moderne Reinzuchthefen mit der Eigenschaft, bestimmte Aromen im Wein hervorzurufen oder zu unterstützen.

1976er war der erste auf der Maische vergorene Rote, der auf Anhieb polarisierte: Mit so dunkler Farbe, präsentem Gerbstoff und so intensiven Beerenaromen kannte man diese Art von Wein bis dato gar nicht! Doch genau das überzeugte die Brüder Knipser so, dass sie 1983 den ersten Spätburgunder pflanzten und nach ähnlichem Muster vinifizierten. Bereits die 1985er Auslese trocken aus dem Mandelberg sorgte überregional für Aufsehen. 1991 wurde schließlich der erste Cabernet Sauvignon angepflanzt, 1994 kamen weitere Rebsorten wie Merlot, Cabernet Franc, Syrah, Sauvignon blanc und die alte Sorte Gelber Orléans dazu. 1996 entstand schließlich die erste, schon damals wegweisende Cuvée X. Die erste Dekade im dritten Jahrtausend schließlich steht ganz im Zeichen der Großen Gewächse und der Verfeinerung eines Konzeptes – das seinen Ursprung in einem 1976er Portugieser hat!

Richten ihren Blick gern auf die Weinwelt und schauen über den Tellerrand: Volker (li.) und Werner Knipser, Pioniere der roten Revolution in der Nordpfalz.

*Knipsers neues Kellergebäude
bietet Platz für über 1000
Barriques – fast schon eine
Weinkathetrale.*

Viele der markanten Spitzenweine der Knipsers profitieren von mehrjähriger Reife und zeigen dann als Extradimension erst nach und nach die ganze Gliederung der Frucht ohne Maskierung durch starke Reifetöne. Selbst die trockenen Rieslinge wie die 1997er Spätlese aus dem Steinbuckel war erst nach zehn Jahren auf dem Punkt. In diesem offenen Gewann in der Lage Laumersheimer Mandelberg wächst auf ziemlich massivem Kalkstein ein unterschätztes Großes Gewächs, das zuerst im Jahrgang 2001 gekeltert wurde: kräftig, mineralisch, mit enormer Tiefe. Auf einem reinen Südhang mit einer mächtigen Lössauflage reift im Dirmsteiner Mandelpfad das früher zugänglichere Pendant Himmelsreich und schmeckt opulenter und fruchtbetonter. Auf jeden Fall stehen die oft sehr mineralischen Weißweine – die weißen Burgundersorten wie die trockene Spätlese Chardonnay & Weißburgunder sowie der exzellente Sauvignon blanc – auf dem Weingut Knipser zu Unrecht im Schatten der Roten. Auch die Basisweine der Barrique-Pioniere sind hier zum Teil kleine Geniestreiche.

Bei den Roten zeigt der Dornfelder echte Würde und Charakter; eine große Ausnahme für diese Rebsorte. Großartig gelungen sind einige Rebsortenweine aus Merlot, Cabernet Sauvignon und Syrah – sie werden nur noch in den Schatten gestellt von einem rauchig-beerig-würzigen Überflieger wie dem 2003er Cabernet Franc. Im Fokus des Schaffens stehen aber drei außergewöhnliche Spätburgunder und die unter Insidern schon legendäre Cuvée X, von der es in außergewöhnlich guten Jahren auch eine Selektion der Selektion, nämlich eine R-Version gibt.

Bereits im trockenen Basiswein aus Blauem Spätburgunder leuchten die dunklen Beeren und eine dezente Kräuterwürze gibt Kontur. Ein Klassiker ist der Kirschgarten, bei dem die Reben des Schweizer Mariafeld-Klons auf einem Osthang mit mächtiger Lössauflage wachsen. Kirsche pur, voller Stoff, die Haut glänzt wirklich seiden. Wunderbar eingebundene Tannine besitzt das Große Gewächs aus dem Großkarlbacher Burgweg. Im großen Garten heißt der vielleicht größte Spätburgunder der Knipsers, der auf dem gleichnamigen Südhang mit extremem Kalkstein ausreifen kann. Köstliche Früchte ruhen auf einem fast schon kristallinen Bett. Auf blankem Kalkmergel wächst im Laumersheimer Kirschgarten der Mergelweg. Hier sind die Reben noch sehr jung, allerdings sind die Feinheit und Dichte jetzt schon frappierend. Das ist eine Collage von transparenten Tönen, wobei die Tiefe sicherlich kommen wird, wenn die Reben älter werden.

Ein Faszinosum sondergleichen ist die Cuvée X aus Cabernet Franc, Cabernet Sauvignon und Merlot. Hier triumphieren die feine Beerenfrucht und die subtile Traubigkeit, die durch die Vanille-, Schoko-, Gewürz- und Raucharomen nur noch präsenter in Szene gesetzt zu sein scheinen.

»Unsere Weine sind fruchtiger als die in Bordeaux«, sagt Werner Knipser, dessen Sohn Stephan mittlerweile in die Betriebsleitung aufgerückt ist, »und genau das ist es, was die Leute so fasziniert.«

Die Cuvée X – und noch mehr die Turbo-Version R – transzendieren das Bild eines konventionellen deutschen Rotweins genauso wie das einer internationalen Cabernet-Merlot-Cuvée; sie passen in keine Schublade. Önologische Intelligenz bedeutet also in erster Linie auch Offenheit!

Die Nordpfalz ist also tatsächlich ein Land der unbegrenzten Möglichkeiten und vollgepackt mit der typisch Pfälzer Lebensfreude, ganz im Sinne von Jochen Schmitt vom WEINGUT EGON SCHMITT in Bad Dürkheim: Er hat sich anfangs vor allem mit Rotweinen einen Namen gemacht, und der erstmals im Jahrgang 1996 gekelterte Duca XI aus Cabernet Sauvignon und Dunkelfelder ist inzwischen ein absolut überzeugender Klassiker des Hauses.

Vor allem hat Jochen Schmitt ein richtiges Händchen für saftigen, geschliffenen Gerbstoff. In seinen Weinen gibt es eben keine störenden Paprika-Noten, die oft auch von grünen, unreifen Tanninen herrühren. Wenngleich in früheren Jahrgängen der Holzeinsatz bisweilen noch ein wenig zu intensiv und auch der Alkoholgehalt zu wuchtig gewesen ist, hat sich Schmitt stilistisch enorm entwickelt. Sein rauchigwürziger, druckvoller Regent gehört zu den Besten im Land, und der Cabernet Sauvignon hat richtig Fleisch auf den Knochen, beginnt im Auftakt mit reifer, süßer Cassisfrucht und endet mit herber Frische. Ein richtiger Renner ist der Lagrein, ein dicht geschnürtes Kraftpaket, das so schmeckt, als würden sich die Südtiroler Alpen direkt vor Bad Dürkheim auffalten. Und doch – es ist nicht eine mittelmäßige Kopie, sondern ein Wein mit dem typisch Pfälzer

Weingut Egon Schmitt
Am Neuberg 6
D-67098 Bad Dürkheim
Tel. +49 (0)63 22/58 30
Fax +49 (0)63 22/6 88 99
E-Mail:
info@weingut-egon-schmitt.com
www.weingut-egon-schmitt.com
Öffnungszeiten: Mo., Di., Do., Fr.
10.30–12 Uhr, Sa. 9–15.30 Uhr
und Mi. nach Vereinbarung

Ehemalige Gletscherinsel: der Bad Dürkheimer Michelsberg.

Charme und einer ganz eigenständigen Würze: zart-süßlich im Auftakt, mit Karamellanklängen, dann kommt der Schluck in das Fruchtfleisch, am Gaumen setzt der Rückhalt der Gerbstoffe und eine Adstringenz ein, die Appetit auf mehr macht. Und mehr heißt: eine warme Frucht von Schwarzkirsche, etwas reife Zwetschge, Noten von Kakaopulver und 70-prozentiger Bitterschokolade, das alles von einer sanft pflaumigen Süße unterlegt – und von Mokkatanninen getragen. Nichts Überdrehtes, nichts Rustikales, was bei dieser Sorte oft der Fall ist, sondern ausgewiesen feiner Schliff.

Richtig schön zu trinken ist auch der lachsfarbene trockene Rosé Drei Reben aus St. Laurent, Cabernet Sauvignon und Spätburgunder, dessen spritzige Aromen an frisch gepflückte Himbeeren und Johannisbeeren erinnern. Mit leicht fruchtfleischigen Kiwi-, Stachelbeer- und Honigmelonennoten bleibt der trockene Riesling Hochbenn mit seiner untergründigen Cremigkeit völlig entspannt im Mund, und dieses Gefühl überträgt sich auch auf einen beim Trinken. Kraftvoller ist der Auftritt des trockenen Rieslings aus dem Ungsteiner Herrenberg: die Verbindung von Vitalität, Cremigkeit und gradlinigem Säurespiel.

Gerade bei den Weißweinen werden die Fortschritte von Jochen Schmitt vielleicht noch transparenter, zugleich ist das Lagenprofil gestärkt. Klarheit und Sortentypizität sind hier keine hohlen Schlagworte, sondern die Ingredienzien für Wein, die Wohlgefühl vermitteln, ohne zu weich daherzukommen. Das ist entspannt vorgetragene Vitalität aus einem Teil der Pfalz, der mit überraschendem Lagrein aufwartet und Cabernet Sauvignon mit Dunkelfelder gekonnt vermählt. Erstaunlich sind auch die edelsüßen Rieslaner, und die strahlende Auslese duftet verführerisch nach Baby-Ananas und Thai-Mango. So darf es gerne weitergehen!

Individuelle, im großen Holzfass ausgebaute und mitunter spontan vergorene Rieslinge (mit Goldkapsel gekennzeichnet) erzeugt der Kellermeister Jan Gross, der die Linie seines Vorgängers Günter Deeters (jetzt Kellermeister bei Koehler-Ruprecht, siehe Seite 70) für das traditionsreiche Weingut Karl Schaefer in Bad Dürkheim fortsetzt. Der Betrieb befindet sich in einem klassizistischen Haus an der Deutschen Weinstraße und wird heute in der fünften Generation von Gerda Lehmeyer geführt. Die zumeist trocken

Weingut Karl Schaefer
Weinstraße Süd 30
D-67098 Bad Dürkheim
Tel. +49 (0)63 22/21 38
Fax +49 (0)63 22/87 29
E-Mail: info@weingutschaefer.de
www.weingutschaefer.de
Öffnungszeiten: Mo.–Fr. 8–12 und 13–18 Uhr, Sa. 9–16 Uhr

ausgebauten Gewächse liegen lange auf der Hefe und kommen – gewiss nicht als unkomplizierte Weine – auf den Markt. Schon die Kabinettweine und auch der Riesling Terrassen sind rassig und charaktervoll bei oft nur 11,5 und zwölf Volumenprozent Alkohol.

An der Spitze stehen drei Rieslinge: Das rauchig-würzige Große Gewächs aus dem Forster Pechstein ist mit seinem zarten Mangoschmelz elegant-cremig und rund. In der ehemaligen Gletscherinsel Michelsberg wächst auf Kalkmergel das Zweite Große Gewächs auf einem luftigen, terrassierten und nie flurbereinigten Südhang. Obwohl nicht spontan vergoren, ist der nach rauchiger Aprikosenfrucht schmeckende Michelsberg vielleicht der überzeugendste Wein. Die trockene Riesling-Spätlese M ist zwar noch ambitionierter, aber auch einen Tick zu extrem und nicht gradlinig oder lebendig genug. M steht für eine besondere Selektion aus dem Michelsberg, wofür auch Botrytisbeeren ganz bewusst mit den gesunden Trauben gelesen werden, um mehr Extrakt und Komplexität zu erzielen. Das und extrem langes Fasslager macht den Wein ungemein kompakt und homogen.

Ein noch traditionsreicherer Bad Dürkheimer Betrieb ist das bereits 1785 gegründete WEINGUT FITZ-RITTER, zu dem die älteste Sektkellerei der Pfalz gehört, die auf das Jahr 1837 datiert wird. Tatsächlich schmeckt etwa der im Crémant-Stil vinifizierte Chardonnay Brut aus dem Dürkheimer Abtsfronhof stilvoll nach Zitrusfrüchten, Brioche, Blüten und getrockneten Früchten. Und 1832, beim legendären »Hambacher Fest«, war bereits ein Vorfahr, der »Rote Fitz«, Sprecher der opponierenden Winzer und Demokraten. Heute führt seit 2007 der junge Johann Fitz das Gut, und dem Trio mit dem ab 2008 eingestiegenen Außenbetriebsleiter Achim Eberle und dem engagierten Kellermeister Bernd Henninger gelingen immer klarere und elegantere Weine. Das typisch pfälzisch Saftige und Fruchtige bekommt dabei immer mehr Statur, und auch der Ausdruck der einzelnen Weine wird immer betonter und differenzierter.

Der trockene Chardonnay aus dem Dürkheimer Spielberg ist einer der Pfälzer Pioniere dieser Sorte. Die Anlage wurde 1991 bepflanzt, und der Wein ist dank des hohen Kalksteingehalts sehr konzentriert und mineralisch. Die tro-

Extrakt
Summe der nichtflüchtigen Substanzen im Wein, etwa Säuren, Zucker, Mineral- und Farbstoffe. Extraktreiche Weine sind in der Regel geschmacksintensiv und werden als dicht beschrieben.

Weingut Fitz-Ritter
Weinstraße Nord 51
D-67098 Bad Dürkheim
Tel. +49 (0)63 22/53 89
Fax +49 (0)63 22/6 60 05
E-Mail: info@fitz-ritter.de
www.fitz-ritter.de
Öffnungszeiten: Mo.–Fr. 8–12 und 13–18 Uhr, Sa. 10–16 Uhr und So. 11–17 Uhr

ckenen Riesling-Spätlesen und Kabinettweine aus dem Abts-fronhof zeigen eine animierende, offenherzige Fruchtigkeit, während die beiden Großen Gewächse vom Riesling aus der Ungsteiner Kanzel und dem Dürkheimer Michelsberg dich-ter gewoben sind. Der Kanzel-Riesling zeigt bei aller Kon-zentration und Dichte feine, fast schon filigrane Aromen. Der tief gestaffelte Michelsberg beeindruckt mit dezenter Rauchigkeit und Würze, saftiger Quittenaromatik und der Frische tropischer Früchte. Ein Klassiker des Hauses ist die originelle, in der Barrique gereifte Rotweincuvée Revoluz-zer aus Cabernet Dorsa, Acolon und Spätburgunder. Der Holzeinsatz ist präziser, die Gerbstoffe sind immer geschlif-fener. Starke, intensive Frucht von Cassis, die gekonnt in Röstaromen eingewoben ist. Kein Zweifel, die im positiven Sinn fruchtbetonten, aber keineswegs gefälligen, feinen Weine haben weiter an Klarheit und weiniger Substanz ge-wonnen – wenngleich bei den beiden Großen Gewächsen vom Riesling der Ausdruck noch nachhaltiger sein könnte.

Hier verfeinert sich eine stilvolle Pfälzer Weinkultur und setzt in dem wunderschönen Ambiente immer deutlichere Akzente. Im stilvollen Anwesen mit dem prämierten Park, dem alten Baumbestand mit einem faszinierenden Gingko, dem prächtigen Gutshaus und den schönen Veranstaltungs-räumen finden auch regelmäßig weinkulinarische und auch kulturelle Veranstaltungen statt.

Weingut Pfeffingen-Fuhrmann-Eymael
Pfeffingen an der Weinstraße
D-67098 Bad Dürkheim
Tel. +49 (0)63 22/86 07
Fax +49 (0)63 22/86 03
E-Mail: info@pfeffingen.de
www.pfeffingen.de
Öffnungszeiten: Mo.-Fr 8 –12 und 13 –18 Uhr, Sa. 9 –12 und 13 –16 Uhr, So. und an Feiertagen nur nach Vereinbarung

Am nördlichen Rand von Bad Dürkheim liegt das WEIN-GUT PFEFFINGEN-FUHRMANN-EYMAEL, frei wie ein Bor-delaiser Château am Fuß des Herrenbergs. Die parallel zum Pfälzer Wald vorgelagerten, exponierten Weinberge mit ih-ren eindrucksvollen Zeugnissen der römischen Weinkultur und den wie Ausrufezeichen in den Himmel gereckten Zy-pressen geben diesem besonderen Standort sein charakteris-tisches, schon mediterran anmutendes Flair. Der Legende nach ließ sich hier der Römer Pfeffo nieder, und seine Sippe gründete im fünften Jahrhundert die Siedlung Pfeffingen.

Die Grundlagen für den heutigen Erfolg und Stil legten nach dem Zweiten Weltkrieg Karl und Helene Fuhrmann, für die der Genuss der aparten 1945er Scheurebe Trocken-beerenauslese vom Weingut Annaberg ein Schlüsselerlebnis war. Der Betrieb avancierte zu einem Pionier der Sorte, und 1959 hatte Karl Fuhrmann endlich den idealen Standort für die anspruchsvolle Scheurebe gefunden: schwere, kalkreiche Böden im Südhang – Weine wie die 1962er Beerenauslese brillierten ebenso wie die atemberaubende 1971er Trockenbeerenauslese. 1991 übergab Karl Fuhrmann die Geschicke des Gutes an seine Tochter Doris Eymael, die den Betrieb heute mit ihrem Sohn Jan leitet. Die Scheureben mit natürlicher Süße sind nach wie vor atemberaubend: kristallklar, komplex, mineralisch und dennoch voller Kontur. Spät- und Auslesen zeigen eine geschliffene Cremigkeit und Grandeur. Litschi pur – das möchte man auch angesichts der großartigen Beerenauslese sagen. Man schmeckt die Frucht in all ihren Facetten, den Kern, die feine Herbe und die vollreife Süße. Wie auf einem Tablett dargeboten und mit etwas Honig beträufelt wirkt diese exotische Frucht schließlich bei der Trockenbeerenauslese, bei der die Essenz noch opulenter und gleichsam delikater schmeckt. Verstärkt in den Fokus rückt die trockene Spätlese von der Scheurebe, deren vollreife Frucht frische, kraftvolle Noten von Grapefruit und Stachelbeere zeigt.

Erstaunlich viel Kraft steckt in den Gliedern des trockenen Literrieslings. Richtige Trinkfreude bereiten auch Kabinett und Spätlese trocken, während das Große Gewächs aus dem Ungsteiner Herrenberg lebhaft im Mund ist, floral im Auftritt und in weißen und gelben Früchten schwelgt. Mit feinen Säureadern durchzogen ist auch das zweite Große Gewächs aus dem Ungsteiner Weilberg. Die Reben für diesen Wein wachsen auf Terra Rossa, einem rötlichen Boden auf verwitterten Kalkstein mit hohem Eisenanteil, der an der Luft oxydierte. Ein rassiger, klarer Wein mit einem exotischen Früchtekorb im Marschgepäck: Ananas, Passionsfrucht, aber mitunter auch Guave und vollreife Cavaillon-Melone.

Ab 2007 gibt es ein weiteres Großes Gewächs: den beeindruckenden Weißburgunder aus dem Herrenberg, der intensiv nach reifen Aprikosen, weißen Kirschen und Birnen duftet. Auch er folgt durchaus der Philosophie des Hauses: eher fruchtbetont, sehr klar, lange auf der Hefe gelagert, feingliedrig, schonend vinifiziert. Die Frucht ist präzise und voll auf dem Punkt. Angesichts der in der Tat brillanten Scheureben muss man sich unwillkürlich fragen, ob es überhaupt einen anderen Erzeuger generell gibt, der solche Weine aus dieser oft unterschätzten, aber bei sorgfältiger Arbeit

Beerenauslese
In der Regel edelsüßer Prädikatswein, der aus streng ausgelesenen überreifen und/oder edelfaulen Beeren (Botrytis cinerea) erzeugt wird, die ein Mostgewicht von mindestens 110° Oechsle bzw. 25° KMW aufweisen müssen. Inzwischen haben einige Winzer auch schon trockene Beerenauslesen ausgebaut.

Wein-Highway durch das Rebenmeer: die Deutsche Weinstraße.

absolut großkalibrigen, wertvollen Sorte keltert. Aber könnten die Großen Gewächse nicht vielleicht noch mehr Mineralität, Würze und Statur zeigen?

Wenig beachtet wurde bislang Herxheim am Berg: ein kleiner schnuckeliger Ort auf einem verkarsteten Geröllhügel aus tertiärem Muschelkalk. Bester Erzeuger ist das WEINGUT SCHUMACHER mit dem 500 Jahre alten Gewölbekeller, wo neben Rieslingen, Weiß- und Grauburgundern vor allem erstklassige, völlig unterschätzte Spätburgunder gefüllt werden. Dass sie wenig bekannt sind, liegt vor allem daran, dass bis 1997 alle Weine ausschließlich über die eigene Gutsschenke »Neuhof« in Dreieich bei Frankfurt vertrieben wurden. Diese Vermarktungsstrategie wurde aber geändert: die hier viel verkehrenden Geschäftsleute tranken zunehmend mehr Wasser als Wein. Dem seit 1981 hier tätigen Betriebsleiter und Kellermeister Michael Acker, der sein Handwerk beim Weingut Rebholz in Siebeldingen gelernt hat und dessen Philosophie des Nicht-Korrigierens (kaum Anreicherung, Verzicht auf Süßreserve, Schönung und Entsäuerung) bis heute weiter verfolgt, war der Wechsel in den freien Markt willkommen – erhielt er doch endlich Kundenäußerungen für seine bis heute in erster Linie zum Essen erzeugten Weine.

Neben dem aus dem 18. Jahrhundert stammenden Gutshof liegt eine Terrasse, die von einer 5,5 Meter hohen Kalksteinmauer umgeben ist: wie ein französischer Clos. Dies ist die bereits im Mittelalter von Zisterziensern bewirtschaftete ehemalige Originallage Himmelreich, die bis 1971 eine Alleinbesitzlage des Weinguts Schumacher war und dann erheblich erweitert wurde. Die in der ursprünglichen Lage wachsenden Weine – Riesling und zwei Spätburgunder mit bis zu 40-jährigen Reben – werden unter dem Namen Garten vermarktet. Die Bodenformation des Clos ist sandiger Lehm, aber für den Weincharakter noch entscheidender ist der Muschelkalk, der manchmal bereits nach 20 Zentimetern ansteht.

Ein grandioser Ort für »geistige Höhenflüge«, wie es im Gutsprospekt heißt, und großes Format erreicht vor allem der innererhalb der wuchtigen Mauern gewachsene Spätburgunder Garten R (Herxheimer Himmelreich Spätburgunder Spätlese trocken). Die besondere Selektion aus kleinbee-

Weingut Schumacher
Hauptstraße 40
D-67273 Herxheim am Berg
Tel. +49 (0)63 53/9 35 90
Fax +49 (0)63 53/9 35 22
E-Mail:
weingut-schumacher@t-online.de
www.schumacher-weine.de
Öffnungszeiten:
nach Vereinbarung

Entsäuerung
Kellertechnische, zumeist chemische (mit Kalziumkarbonat) Verminderung des Säuregehalts im Wein.

Links:
Der Muschelkalk machts! Im überregional unterschätzten Herxheimer Himmelreich wachsen großartige Burgunder.

rigen Trauben zeichnet sich durch feine rote Beerennoten aus. Ein überaus eleganter Rotwein, der mit den Jahren seine Primärfrucht ablegt und als prägnanter, fester, aber transparenter Burgunder mit feinem mineralischen Nerv erneut vorstellig wird. Der 2004er ist ein ausgezeichneter Wein, der ganz auf sich selbst konzentriert ist. Veilchen blühen am Wegesrand, und am Ende des Kirschenhains liegt der Kalksteinbruch; hier überzeugt die sich langsam aufbauende und am ganzen Gaumen subtil entfaltende Wärme – einer der unterschätztesten Spätburgunder Deutschlands!

Aus den größeren Beeren wird der seidig-transparente normale Garten gekeltert, während der Riesling Garten (Herxheimer Himmelreich Riesling Spätlese trocken) saftig, animierend und mit der richtigen Prise von typischem Pfälzer Charme ausgestattet ist.

Weingut Jakob Pfleger
Weinstraße 38
D-67273 Herxheim am Berg
Tel. +49 (0)63 53–74 65
Fax +49 (0)63 53/68 50
E-Mail:
WeingutJPfleger@Compuserve.de
Öffnungszeiten:
nach Vereinbarung

Blick auf die Haardt: In der offenen weiten Landschaft der nördlichen Pfalz herrscht ein ebenso offener weiter Winzergeist.

Roland Pfleger vom WEINGUT JAKOB PFLEGER in Herxheim hegt ebenfalls ein Faible für Spätburgunder und erzeugt guten, wenn auch stärker tanninbetonten und in der Jugend stark von der Barrique geprägten Pinot noir (R ****). Die aus Merlot, Cabernet Sauvignon und Cabernet Franc erzeugte Cuvée Goldberg-Claret Edition Curator ist keinen Deut zu breit, kein Gramm zu fett. Es ist aber sein Chardonnay Edition Curator, der besondere Erwähnung verdient – auch weil er einer der Ersten in der Pfalz war. Die französischen Klone sind ohne üppigen Wuchs, sie neigen zur Verrieselung: »Die Beeren werden wegen des kargen, kalkigen Bodens nicht überversorgt und schmecken Ende August bereits nach gelben Früchten.«

Pflegers Chardonnay-Fläche ist nur 0,5 Hektar groß und liegt in der früheren Einzellage Felsenberg auf einem Südhang mit tertiärem Muschelkalkboden, der heute unter Herxheimer Honigsack firmiert. Der in der Barrique ausgebaute Curator aus den besten und reifsten Trauben hat einen festen mineralischen Kern, der die vitale Fruchtcreme bündelt. Ab 2006 keltert Pfleger auch einen trockenen Weißburgunder Spätlese Alte Reben aus dem Herxheimer Kirchenstück, der verheißungsvoll ist.

Ausgesprochen gradlinige, immer tiefer gewobene und reintönige Weine erzeugt Philipp Kuhn vom WEINGUT PHILIPP KUHN aus Laumersheim. 1992 vinifizierte der junge Winzermeister seinen ersten Jahrgang – von Anfang an mit einer genauen Vorstellung davon, was einen guten Wein ausmacht: »Weg von den überreifen Dörrobstaromen, stattdessen Frische, Mineralität und präsente Frucht.«

Philipp Kuhn ist ein richtig ausgefuchster Winzer, der bereits 1988 als 16-jähriger seinen ersten Weinberg anlegte und inzwischen über einen profunden Erfahrungsschatz verfügt. Im renommierten Laumersheimer Kirschgarten riss er einst die von seinem Vater so geliebten Huxelreben-Stöcke heraus (laut Philipp Kuhn war die Huxelrebe-Parzelle »das Ein und Alles meines Vaters«) und übernahm vier Jahre später als 20-Jähriger in alleiniger Verantwortung das elterliche Weingut – mit großem Erfolg. Doch dieser wurde ihm nicht in die Wiege gelegt, den musste er sich erarbeiten. Der mineralisch-klare Stil hat bei den Weißweinen eine enorme Saftigkeit, die Roten zeigen immer mehr Rückhalt und präzisen, straffen Gerbstoff. Aber welch ein Gerbstoff ist das: dicht, ellenlang, frisch und feinkörnig.

Bereits der trockene Sauvignon blanc hat Schmackes, ist knackig trocken und liegt stilistisch zwischen einem fruchtbetonten Sauvignon aus Neuseeland und einem frischen, mineralisch-würzigen Wein aus der Steiermark. Die Aromen von rosa Grapefruit, Cassis, ganz zart Paprika und grüne Bohne sind eigenständig und geradeaus! Diese kompromisslose, sehnige Lebendigkeit besitzen auch die Weißburgunder. Der trockene Mandelberg ist ebenso filigran und frisch wie körperreich und ausdrucksvoll. Das im Holzfass ausgebaute Große Gewächs aus dem Kirschgarten spendiert eine große Portion Fruchtcreme; ein eher traditioneller, durchaus buttriger Typ, lässig, souverän vorgetragene Fruchtigkeit, entspannte Entschleunigung, superkräftig und mit ziemlich viel Schmelz.

An der Spitze der Weißweine stehen drei Große Gewächse vom Riesling, die das ganze in vielen Jahren gewachsene Können eines talentierten Winzers zeigen, der das natürliche Potenzial der nördlichen Pfalz auf absolut originäre Art ausschöpft. Aus dem Kirschgarten kommt der fetteste, üppigste, fleischigste Wein dieses tollen Trios, das gelassen auf einer Kalksteinbasis ruht. Bereits die tiefgoldene Farbe überrascht, aber da ist keine oxidative Note, sondern exemplarische Substanz und Frische. In der Jugend ist die Hefenote noch präsent und weist auf das ausgedehnte Hefelager hin. Der Kirschgarten ist die wärmste Lage im Portfolio, die Säu-

Weingut Philipp Kuhn
Großkarlbacher Straße 20
D-67229 Laumersheim
Tel. +49 (0)62 38/6 56
Fax +49 (0)62 38/46 02
E-Mail:
weingut-philipp-kuhn@gmx.de
www.weingut-philipp-kuhn.de
Öffnungszeiten:
nach Vereinbarung

Hefelager
Manche Weiß- und Rotweine werden auf dem Hefedepot, das sich nach Abschluss der Gärung am Fassboden bildet (grobe Hefe) gelagert. Das hält den Jungwein frisch und verleiht ihm Stoff, bringt aber das Risiko mit sich, dass der Wein einen dominanten oder gar fehlerhaften Hefeton annimmt. Aus diesem Grund werden die Weine meist nach der Gärung abgestochen, aber nicht gleich filtriert und lagern dann auf der so genannten Feinhefe.

re hier am niedrigsten, der Wein schmeckt dadurch etwas weicher und zeigt einen fast schon burgundisch anmutenden Schmelz. Die Frucht aber hat trotz eines dezenten Touchs von Überreife und Aromen von Bananenmus Kick-Boxer-Qualitäten am Gaumen. Sie trifft einen mit einem Schlag! Aber was für Früchte sind das: reife, gelbe, nach Steinobst duftend, nach Cavaillon-Melonen und Marillen.

Am anderen Ende der Skala liegt der Riesling-Steinbuckel aus dem Laumersheimer Mandelberg: Wie beim Spätburgunder der Filigranste und vielleicht auch mineralischste Wein, weil die Reben auf massivem Kalkstein wachsen und etwas höher stehen, wo es kühler ist und die Beeren länger ausreifen können. Ein Wein, der seinem Rang alle Ehre macht: mit faszinierender Finesse zwischen Kühle und Reife, zwischen Filigranität und Kraft, zwischen Mineralität und

Die nördliche Pfalz ist ein wahres Paradies für Konsumenten: Hier bekommt man klasse Weine zu teils überraschend moderaten Preisen.

Frucht. Vielleicht der transparenteste Weißwein von Philipp Kuhn, der den größten Spannungsbogen zieht. Das Bindeglied dazwischen ist der bereits seit 2002 gekelterte Im Großen Garten: Die Reben profitieren von der Zugluft von einem Urstromtal, und die Lumineszenz scheint förmlich das letzte, goldene Herbstlicht eingefangen zu haben. Das ist Materie pur von gelben, auf den Punkt gereiften, kerngesunden Trauben und Reben mit niedrigem Ertrag, die den ganzen Reiz und die offenherzige Heiterkeit der Pfalz auf geradezu wundersame Art eingefangen und deren köstliche Früchte Kuhn durch kontrolliertes Nichtstun im Keller in einen höheren Energiezustand versetzt zu haben scheint. Ein richtiger Saftbolzen und Strahlemann, aber einer mit kerzengerader, aufrechter Statur und bezwingendem, jungenhaftem, typisch Pfälzer Charme.

Kontrolliertes Nichtstun
Philosophie der Weinbereitung, die dem Wein Zeit lässt sich selbst zu entwickeln und im Keller nur die nötigsten Eingriffe vorsieht.

Bei den Rotweinen versteht es Philipp Kuhn immer besser die Röstaromen so einzubinden, das sie präsent sind – aber nur als Stütze für die Reife und die intensive Aromatik dienen. Kuhns absolute Steckenpferde sind zwei beeindruckende Große Gewächse vom Spätburgunder: einmal der fleischige, volle Kirschgarten, dessen Schönheit im Verborgenen liegt – die feine und definierte Gliederung der Frucht, die eigenständige Würze zeigen sich erst nach mehreren Schlucken, ja Gläsern. Der seit 2006 vinifizierte Steinbuckel aus dem Laumersheimer Mandelberg setzt da noch eines drauf: Er hat von allem noch einen Tick mehr und spendiert eine Extraportion an Komplexität. Vor allem ist er nicht überdreht tiefer gelegt oder zu wuchtig oder zu fett. Hier singt ein vielstimmiger Chor, hier tönt keine einzelne Stimme. »Ich mag beim Spätburgunder keine Geradeaus-Fruchttönchen«, sagt Philipp Kuhn, der seine Große Gewächse vom Spätburgunder als Pinot noir auszeichnet. »Links und rechts des Fruchtweges hat diese Sorte noch viel mehr an Facetten zu bieten: Mandelnoten, Aromen von Waldboden, Leder, Unterholz.« Diese Vielfalt ist für Philipp Kuhn die »burgundische Dimension«.

Als wäre das nicht schon genug, kann der Laumersheimer noch mit mehr tollen Rotweinen aufwarten. Etwa dem recht raren Frühburgunder aus dem Burgweg. Kuhn schätzt diese Sorte, die allerdings auch besondere Anforderungen an den Winzer stellt – und vielleicht auch deshalb einen gewissen Exotenstatus hat. »Die Beeren faulen recht schnell, die Er-

Moderne und Tradition – hier in der Pfalz befruchten sie sich gegenseitig.

träge sind oft recht niedrig und die Sorte passt nicht so gut zum Zeitgeist, weil die doch recht frühe Ernte meist in die Urlaubszeit vieler Winzer fällt.« Vor allem schätzt der sympathische Winzer »die innere Dichte, die von den ganz kleinen Beeren herkommt«. Auch wenn Frühburgunder mitunter in einen Tick weicher Überreife mit orangefarbenen Reflexen changieren – bei Kuhn hat dieser Wein eine Knackfruchtigkeit mit Schmackes, ein hohes Energielevel und ist ganz gewiss nicht »latschig«.

Sein Merlot ist cremig, weich und mollig, der Cabernet Sauvignon macht Gerbstoff-Druck am Gaumen und wirft jede Menge Cassis, Kräuter und Tabak in die Waagschale. Ein Exot hingegen ist die Cuvée Luitmar, bei der die Kirsch- und Brombeeraromen durch straffes Tannin und Festigkeit Rückgrat bekommen. Das ist ein richtiger Power-Pfälzer, der Spaß macht und bei dem die Frucht richtig Zug hat. Eine laut Philipp Kuhn »freaky Cuvée« aus Blaufränkisch, Cabernet Sauvignon, St. Laurent und Sangiovese grosso. Hier balanciert das Gerbstoffgerüst aus Schoko-Tanninen die Molligkeit aus, während insbesondere die Sorte Sangiovese grosso Eigenständigkeit, Säure und Tannin beisteuert. Ein absolut stichhaltiger Beweis dafür, dass Kuhn mit seinen enorm präzisen Weinen sehr offen ist – keinesfalls ein Schnitzelwinzer, der nicht über den Tellerrand hinausblickt, sondern das genaue Gegenteil davon! Ansonsten wäre er in der vitalen nördlichen Pfalz mit ihrem innovativen Geist wohl auch fehl am Platze.

Nicht selten tut Übermut also richtig gut! Dann nämlich, wenn sich zu ihm das nötige Bekenntnis zur Reinheit und Authentizität des Weins und Respekt vor der gewachsenen, ursprünglichen Qualität gesellen. Frei nach dem Motto von Marion Gräfin Dönhoff, das Markus Schneider so gerne zitiert: »Landschaft ist eben wichtiger und gewiss prägender als alles andere. Sie gehört im letzten und höheren Sinne ohnehin niemandem, allenfalls vielleicht dem, der imstande ist zu lieben ohne zu besitzen.« Und so ist es ein Ausdruck von unerschütterlichem, aber letztendlich bodenständigem Selbstbewusstsein als Tugend, wenn einige der besten Winzer aus der nördlichen Pfalz ihre Weine Aufwind, Höhenflug, Ikarus, Luitmar oder eben Übermut nennen – und anstatt tief zu fallen, richtige Thermik unter ihre Flügel bekommen. *Manfred Lüer*

Pfalz in Zahlen

Rebsorte	Rebflächen(anteil) 1979	Rebflächen(anteil) 2005	Trend
Gesamte Rebfläche	21 831 ha	23 363 ha	⇨
Weiße Rebsorten insgesamt	90,8 % = 19 821 ha	59,4 % = 13 887 ha	⇲
Riesling	14 % = 3066 ha	21 % = 4896 ha	⬈
Müller-Thurgau	24,3 % = 5303 ha	10,4 % = 2439 ha	⇩
Kerner	8,9 % = 1932 ha	5,5 % = 1276 ha	⇩
Grauburgunder	3,2 % = 689 ha	4,2 % = 992 ha	⇧
Silvaner	12,7 % = 2771 ha	3,9 % = 922 ha	⇩
Weißburgunder	1,3 % = 285 ha	3,3 % = 771 ha	⬈
Scheurebe	5,6 % = 1220 ha	2 % = 457 ha	⇲
Chardonnay	–	1,8 % = 421 ha	⬈
Gewürztraminer	1,8 % = 386 ha	1,5 % = 347 ha	⇨
Morio-Muskat	8,30 % = 1821 ha	1,3 % = 306 ha	⇩
Ortega	1,4 % = 296 ha	1 % = 230 ha	⇩
Huxelrebe	2,8 % = 618 ha	1 % = 223 ha	⇩
Sauvignon blanc	0 % = 0 ha	0,2 % = 126 ha	⇧
Sonstige Rebsorten	4,7 % = 1023 ha	1,9 % = 435 ha	⬈
Rote Rebsorten insgesamt	9,2 % = 2010 ha	40,6 % = 9476 ha	⇧
Dornfelder	0,3 % = 60 ha	13,9 % = 3257 ha	⇨
Portugieser	7,6 % = 1649 ha	10,4 % = 2427 ha	⇲
Spätburgunder	0,6 % = 133 ha	6,7 % = 1567 ha	⬈
Regent	–	2,8 % = 643 ha	⬈
Saint Laurent	0,02 % = 3 ha	1,3 % = 308 ha	⬈
Merlot	–	0,8 % = 195 ha	⇧
Dunkelfelder	0,03 % = 5 ha	0,8 % = 194 ha	⬈
Schwarzriesling/Müllerrebe	0,2 % = 32 ha	0,7 % = 167 ha	⇨
Cabernet Sauvignon	–	0,6 % = 143 ha	⬈
Heroldrebe	0,5 % = 106 ha	0,5 % = 113 ha	⇲
Acolon	–	0,5 % = 111 ha	⬈
Sonstige Rebsorten	0,1 % = 22 ha	1,5 % = 350 ha	⬈

Quelle: Rheinland-Pfalz Statistische Berichte, hg. v. Statistischen Landesamt Rheinland-Pfalz, Bad Ems 2006

WEITERE EMPFOHLENE WEINGÜTER

Weingut Bärenhof
Weinstraße 4
D-67098 Bad Dürkheim-Ungstein
Tel. +49 (0)63 22/41 37
Fax +49 (0)63 22/82 12
E-Mail:
weingut-baerenhof@t-online.de
www.weingut-baerenhof.de
Öffnungszeiten: Mo.–Fr. 8–12 und
13–18 Uhr, Sa. 9–16 Uhr,
So. 10–12 Uhr

Weingut Benderhof
Neugasse 45
D-67169 Kallstadt
Tel. +49 (0)63 22/15 20
Fax +49 (0)63 22/98 07 75
E-Mail:
weingut-benderhof@t-online.de
www.weingut-benderhof.de
Öffnungszeiten: Mo.–Sa. 8–11 und
13–19 und nach Vereinbarung

Benzinger – Weingut im Leiningerhof
Weinstraße Nord 24
D-67281 Kirchheim
Tel. +49 (0)63 59/13 39
Fax +49 (0)63 59/23 27
E-Mail: info@weingut-benzinger.de
www.weingut-benzinger.de
Öffnungszeiten: Mo.–Fr. 8–12 und
14–17 Uhr, Sa. 10–15 Uhr,
So. 11–14 Uhr

Weingut Bohnenstiel
Weinstraße 77
D-67273 Herxheim am Berg
Tel. +49 (0)63 53/9 11 86
Fax +49 (0)63 53/9 11 96
E-Mail:
weingut.bohnenstiel@t-online.de
www.weingut-bohnenstiel.de
Öffnungszeiten: Mo.–Fr. 9–18 Uhr,
Sa. 9–17 Uhr, So. 10–12 Uhr und
nach Vereinbarung

Weingut Karl Heinz Gaul
Bärenbrunnenstraße 15
D-67269 Grünstadt-Sausenheim
Tel. +49 (0)63 59/8 45 69
Fax +49 (0)63 59/8 74 98
E-Mail: info@weingut-gaul.de
www.weingut-gaul.de
Öffnungszeiten: Mo.–Fr. 8–12 und
13–18 Uhr, Sa. 9–16 Uhr
Einer der interessantesten Aufsteiger hoch oben im unterschätzten Norden der Pfalz. Der Betrieb entstand 1993 durch die Teilung des elterlichen Betriebs, und seitdem haben Rosemarie und Karl-Heinz Gaul das Gut in liebevoller, akribischer Arbeit und Passion fest etabliert. Der ehemalige Aussiedlerhof mit dem imposanten mediterranen Garten grenzt direkt an die Rebfelder. Alte Rosenstöcke, prachtvolle Oleander, Bananenstauden, Dahlien und die Farben der Sand- und Kapuzinersteine sind ebenso stilvoll wie die Weine, die den Trend zu molligen, restsüßen oder gar wuchtigen Tropfen nicht mitmachen. Es sind keine banalen Fruchtzwerge, sondern klare, sortentypische Rieslinge mit fester Säure und kraftvolle Burgunder nebst imposanten Huxelreben und Gewürztraminern. Auch wenn eine trockene, pfirsichduftige Riesling-Spätlese aus dem Sausenheimer Honigsack stoffig und kraftvoll schmeckt, ist das allzu Wuchtige den Weinen fremd. Ihre Stärke liegt im Frischen, Verspielten, Mineralischen vom kalkreichen Mergel und einer quicklebendigen Fruchtsäure. Neu ist die Linie KD, die für die Initialen der Töchter Karoline und Dorothee Gaul steht, die dafür die Weinberge selbst bearbeiten und auch den Ausbau im Keller verantworten. Aus dem Neuleininger Schlossberg kommt ein verspielter

Riesling Kabinett trocken, ein Wein, der flattert wie ein Schmetterling. Beim Pendant, der hochkarätigen Spätlese trocken, elektrisiert das Säurespiel, der würzig-fruchtige Schmelz umschließt einen festen Nukleus.

Weingut Matthias Gaul
Weinstraße 10
D-67269 Grünstadt
Tel. +49 (0)63 59/36 68
Fax +49 (0)63 59/8 65 75
E-Mail: gaul@gaul-weine.de
www.gaul-weine.de
Öffnungszeiten: Mo.–Sa. 8–12 und
13–18 Uhr, So. und an Feiertagen
Ruhetag
Mit große Untertreibung nennt Matthias Gaul seine normalen trockenen Rieslinge schlicht »t.c.«. Es handelt sich aber um Weine mit ausgeprägtem Charakter vom »terrain calcaire«, bzw. von Weinbergen mit steinigen Kalkmergelböden um Asselheim. Noch beeindruckender, mit reichhaltigen Zitrusaromen, vollem aber sanftem Körper und nachhaltiger mineralischer Note ist der Riesling Auf dem Berg. Zusammen mit dem Pas de Deux, einer trockenen Cuvée aus Weißburgunder und Chardonnay, die saftig, schmelzig und schwungvoll wirkt, kommt er erst 18 Monate nach der Lese auf dem Markt. Ähnlich kräftig aber lustig fallen die Rotweine aus. SP

Weingut Horcher
Freinsheimer Straße 86a
D-67169 Kallstadt
Tel. +49 (0)63 22/94 15 20
Fax +49 (0)63 22/94 15 21
E-Mail: info@weingut-horcher.de
www.weingut-horcher.de
Öffnungszeiten: nach Vereinbarung

Der Gewürztraminer ist ein Freak-wein. Eine Art Free Jazz für einge-fleischte Weinliebhaber mit dem Faible für das besondere Etwas. Mit orientalischen Gewürzen von tau-sendundeiner Nacht. Mit Litschi. Bananenmus, kandierten Ananas-Noten, Rosenblüten, Aromen von Orangenzeste. Mit perfekt einge-gelter Säure und Süße. Wie bei Horcher. Horcher war während der Weimarer Republik in der Berli-ner Gastronomie eine Top-Adresse, wo die Schönen und Rei-chen einkehrten. Wo Glanz und Glamour herrschte. Weingutsbesit-zer Herbert Bentle, der die beiden Berliner Restaurants Altes Zollhaus und Aigner am Gendarmenmarkt betreibt, sicherte sich die Namens-rechte und firmiert sein 2005 gekauftes Weingut im Kallstadt unter diesem traditionsreichen Namen. Seit 2005 ist der gebürtige Heidelberger Wolfgang Grün Kel-lermeister. Nach dem Geisenheim-Studium und Aufenthalten in Spa-nien, Kalifornien, Südafrika, Chile und Australien inspirierte vor allem Paul Fürst im fränkischen Bürgstadt den jungen und engagierten Win-zer: »Dessen Stil für charaktervolle, strukturreiche und elegante Weine als Folge von sinnvoll abgestimmter und 100-prozentig qualitätsorien-tierter Weinbergsarbeit, verbunden mit schonendem Ausbau im Keller, habe ich ein wenig als Leitbild genommen.«
Das Ergebnis sind Weine mit Ecken und Kanten, die nicht modisch glatt geschliffen oder für die Mittelspur gemacht sind, sondern die Länge, saftige Säure, Spannung und Intensi-tät besitzen. Seit 2007 gibt es drei Linien. Die rote Hauswein-Linie etwa mit der trockenen Cuvée Horcher Weiss aus Riesling, Müller-Thurgau, Weißburgunder und Ker-ner: endlich ein richtig guter Liter, ein idealer Partywein, mit feinem Duft, gut abgestimmter Frucht-säure, klar konturiert und das Gegenteil von einer Fleischwurst oder Rumkugel, wo alles rein-

kommt. Dann folgt die Bronze-Linie mit dem formidablen Gewürztrami-ner, einem knackfrischen Sauvignon blanc und einem minimalinvasiven Spätburgunder, der keine großar-tige Kellertechnik braucht, um seine puristische Frucht und die Minera-lien ganz nach vorne zu schieben. Der im großen Holzfass ausgebaute Bronze-Grauburgunder ist eine herrliche Alternative für einge-fleischte Pinot-Grigio-Fans und zeigt eine Lebendigkeit, die in diesem Teil der Pfalz durchaus wegweisend ist. Allerdings erschließen sich diese markanten Weine nicht gleich nach dem Öffnen, und machen es damit der hiesigen Kritik nicht leicht, die es gewohnt ist, direkt nach dem Öff-nen zu probieren — und zu bewer-ten. »Die Erfahrung der letzten drei Jahre hat gezeigt«, meint Grün, »dass unsere auf Langlebigkeit angelegten Weine zwar am Anfang beim Aufmachen und besonders in den ersten Wochen nach der Fül-lung oft etwas verschlossen sind, sich aber immer mehr entwickeln und eine halb volle Flasche auch noch nach fünf oder sieben Tagen im Kühlschrank frisch und stabil ist und kaum bis gar nicht oxidiert.« An der Spitze rangieren die Weine der Lila-Linie, etwa der feste, gradli-nige Sauvignon blanc: enorm leben-dig und strahlend. Dann der fruchtintensive, charmante Riesling K aus dem Kallstadter Kobnert — und vor allem der durchgegorene Riesling S aus dem Kallstadter Sau-magen. Da ist es wieder, jenes unwiderstehliche Saumagen-Parfüm von Feuerstein, süßem Aprikosengeflüster und einem Hauch von Mango und Ananas. Ein Wein, der die Größe der Lage andeutet — und das Talent seines Winzers.

Weingut Bernhard Koch

Weinstraße 1
D-76835 Hainfeld
Tel. +49 (0)63 23/27 28
Fax +49 (0)63 23/75 77
E-Mail:
info@weingut-bernard-koch.de
www.weingut-bernhard-koch.de
Öffnungszeiten: nach Vereinbarung
Besonders zu empfehlen die Rot-weine, vom einfachen Roten für jeden Tag bis zur in der Barrique grreiften Spätburgunder Auslese trocken.

Weingut Lucashof

Wiesenweg 1a
D-67147 Forst
Tel. +49 (0)63 26/55 68
Fax +49 (0)63 26/57 94
E-Mail: weingut@lucashof.de
www.lucashof.de
Öffnungszeiten: täglich ab 14 Uhr,
So. 10–12 und ab 18 Uhr
Klare, frische Weine aus Forster Spitzenlagen. Die etablierten Wein-güter müssen sich vorsehen, hier wächst ihnen starke Konkurrenz heran.

Stiftsweingut Frank Meyer

Weinstraße 37
D-76889 Klingenmünster
Tel. +49 (0)63 49/74 46
Fax +49 (0)63 49/57 52
E-Mail:
stiftsweingut-meyer@t-online.de
www.stiftsweingut-meyer.de
Öffnungszeiten: Sa. 10–17 Uhr
Besondere Spezialität ist die Portu-gieser-Rebe.

Weingut Ludi Neiss

Hauptstraße 91
D-67271 Kindenheim
Tel. +49 (0)63 59/43 27
Fax +49 (0)63 59/4 04 76
E-Mail: weingut-neiss@t-online.de
www.weingut-neiss.de
Öffnungszeiten: nach Vereinbarung

Weingut Rings
Dürkheimer Hohl 21
D-67251 Freinsheim
Tel. +49 (0)63 53/22 31
Fax +49 (0)63 53/91 51 64
E-Mail: info@weingut-rings.de
www.weingut-rings.de
Öffnungszeiten: Mo.–Do. 10–19
Uhr, Fr.–Sa. 13–18 Uhr, So. nach
Vereinbarung
Wären Steffen und Andreas Rings
in Carnuntum oder im Burgenland,
wären sie Star-Winzer. Als Pfälzer
aber sind sie ein ganz heißer
Geheimtipp für erstklassige Rot-
weine aus Syrah, Cabernet und
Merlot. Mit herrlichem Gästehaus.

Weingut Schenk-Siebert
Leininger Straße 16
D-67269 Grünstadt-Sausenheim
Tel. +49 (0)63 59/21 59
Fax +49 (0)63 59/8 30 34
E-Mail: schenk-siebert@t-online.de
www.weingut-schenk-siebert.de
Öffnungszeiten: nach Vereinbarung

Weingut Stachel
Bahnhofstr. 40
D-67487 Maikammer
Tel. +49 (0)63 21/51 12
Fax +49 (0)63 21/5 85 61
E-Mail: info@weingutstachel.de
www.weingut-stachel.de
Öffnungszeiten: Fr. 15–19 Uhr, Sa.
10–14 Uhr und nach Vereinbarung
Traditionsreicher Betrieb mit guten
bis sehr guten Rotweinen, die in
Barriques ausgebaut werden. Unbe-
dingt probieren: den exzellenten
Syrah aus dem Kirchenstück!

Weingut Wageck-Pfaffmann
Luitpoldstraße 1
D-67281 Bissersheim
Tel. +49 (0)63 59/22 16
Fax +49 (0)63 59/8 66 68
E-Mail:
weingut@wageck-pfaffmann.de
www.wageck-pfaffmann.de
Öffnungszeiten: Mo.–Sa. 8–12 und
13–18 Uhr, So. 10–12 und nach
Vereinbarung
Immer besser werdende Weiß-
und Rotweine. Ausgezeichnet: der
2005 Großkarlbacher Burgweg
Cabernet Sauvignon.

Weingut Wegner
Am Neuberg 4
D-67098 Bad Dürkheim
Tel. +49 (0)63 22/98 93 27
Fax +49 (0)63 22/98 93 28
E-Mail: wegnerjf@yahoo.com
www.weingut-wegner.de
Öffnungszeiten: nach Vereinbarung

Weingut Wolf
Kirchstraße 28
D-67098 Bad Dürkheim-Ungstein
Tel. +49 (0)63 22/15 01
Fax +49 (0)63 22/98 08 29
E-Mail: michael@weingut-wolf.de
www.weingut-wolf.de
Öffnungszeiten: nach Vereinbarung

Weingut Zelt
Binsenstraße 2
D-67229 Laumersheim
Tel. +49 (0)62 38/32 81
Fax +49 (0)62 38/12 33
E-Mail: info@weingutzelt.de
www.weingutzelt.de
Öffnungszeiten: Mo–Fr 10–12 und
14–18 Uhr, Sa. 10–16 Uhr
Sympathischer Jungwinzer auf dem
Weg nach oben.

HOTELS
UND
RESTAURANTS

BAD DÜRKHEIM

Hotel Annaberg
Annabergstraße 1
D-67098 Bad Dürkheim
Tel. +49 (0)63 22/9 40 00
Fax +49 (0)63 22/94 00 90
E-Mail: info@hotel-annaberg.com
www.hotel-annaberg.de
Schickes Hotel mit Weinstube und
Restaurant
Preiskategorie: €€

Hotel Fronmühle
Salinenstraße 15
D-67098 Bad Dürkheim
Tel. +49 (0)63 22/9 40 90
Fax +49 (0)63 22/94 09 40
E-Mail: info@hotel-fronmuehle.de
www.hotel-fronmuehle.de
Im Herzstück der Deutschen Wein-
straße präsentiert sich das Hotel
Fronmühle. Eine ideale Anlaufstelle
für Ausflüge in die Natur, Weinver-
kostungen und erholsame Ferien.
Preiskategorie: €€

Käsbüro Weinstube & Restaurant
Dorfplatz 1
D-67098 Bad Dürkheim
Tel. +49 (0)63 22/68 09 63
E-Mail: info@kaesbuero.de
www.kaesbuero.de
Öffnungszeiten: Mo., Mi.–Sa. 17–24
Uhr, So. 10–23 Uhr, Di. Ruhetag
Eine der traditionsreichsten Gast-
stätten in Bad Dürkheim. Mit medi-
terran inspirierter Küche,
Produkten aus der Region und
Pfälzer Weinen.
Preiskategorie: €€

Kurparkhotel
Schlossplatz 1–4
D-67098 Bad Dürkheim
Tel. +49 (0)63 22/79 70
Fax +49 (0)63 22/79 71 58
E-Mail: info@kurpark-hotel.de
www.kurpark-hotel.de
Mit schönen Wellness-Angeboten
zum Relaxen.
Preiskategorie: €€€

DEIDESHEIM

Hotel Deidesheimer Hof
Am Marktplatz
D-67146 Deidesheim
Tel. +49 (0)63 26/9 68 70
Fax +49 (0)63 26/76 85
E-Mail: info@deidesheimerhof.de
www.deidesheimerhof.de
Luxushotel mit eindrucksvoller Pro-
minentenliste.
Preiskategorie: €€€

Restaurant Freundstück im
Ketschauer Hof
Ketschauerhofstraße 1
D-67146 Deidesheim
Tel. +49 (0)63 26/7 00 00
Fax +49 (0)63 26/70 00 99
E-Mail: info@ketschauer-hof.com
www.ketschauer-hof.com
Öffnungszeiten: Di., Mi., Do.,
Fr. 12–14 und 18–22.30 Uhr, So.,
Mo. und Sa. mittags geschlossen
Genial, was Alexander Hess dort
aus der Küche liefert. Auch die
gleichnamige Weinbar ist einen
Besuch wert.
Preiskategorie: €€

Schwarzer Hahn
im Deidesheimer Hof
Am Marktplatz
D-67147 Deidesheim
Tel. +49 (0)63 26/9 68 70
Fax +49 (0)63 26/76 85
E-Mail: info@deidesheimerhof.de
www.deidesheimerhof.de
Öffnungszeiten:, Di.–Sa. abends, So.
und Mo. geschlossen
Prominente Adresse mit außerge-
wöhnlicher Küche. Unbedingt über-
raschen lassen!
Preiskategorie: €€€

Gasthaus Zur Kanne
Weinstraße 31
D-67146 Deidesheim
Tel. +49 (0)63 26/9 66 00
Fax +49 (0)63 26/96 60 17
E-Mail: zurkanne@buerklin-wolf.de
www.gasthauszurkanne.de
Öffnungszeiten: Mi.–So. 12–14 und
18–22 Uhr, Mo. und Di. Ruhetag
Das älteste Gasthaus der Pfalz –
über 800 Jahre Geschichte – bietet
regionale Weine und eine span-
nende saisonale Küche, mit ausge-
wählten ökologischen Produkten.
Preiskategorie: €€

FRANKWEILER

Weinstube Brand
Weinstraße 19
D-76833 Frankweiler
Tel. +49 (0)63 45/95 94 90
Öffnungszeiten: Mi.–Sa. 12–14 Uhr
und ab 18 Uhr, Di. ab 17 Uhr, So.
und Mo. Ruhetag
Preiskategorie: €€

FREINSHEIM

Freinsheimer Hof
Breite Straße 7
D-67251 Freinsheim
Tel. +49 (0)63 53/5 08 04 10
Fax +49 (0)63 53/5 08 04 15
E-Mail:
freinsheimer.hof@t-online.de
Öffnungszeiten: Mo., Di., Fr., Sa.
18–24 Uhr, So. und feiertags 12–
15 und 18–24 Uhr, Mi. und Do.
Ruhetag
Ambitioniertes Restaurant, tolle
Karte mit Pfälzer Weinen, ganz
kleines, schickes Hotel.
Preiskategorie: €€

Luther Hotel & Restaurant
Hauptstraße 29
D-67251 Freinsheim
Tel. +49 (0)63 53/9 34 80
Fax +49 (0)63 53/93 48 45
E-Mail: luther@luther-freinsheim.de
www.luther-freinsheim.de
Öffnungszeiten: täglich ab 18 Uhr,
So. Ruhetag
Außergewöhnliches Restaurant mit
kreativ interpretierter Klassik, reno-
viertes Hotel, umfangreiche Wein-
karte mit besten Pfälzer Weinen.
Preiskategorie: €€€

GÖNNHEIM

Landgasthof Zum Lamm
Bismarckstraße 21
D-67161 Gönnheim
Tel. +49 (0)63 22/95 29 0
E-Mail:
gast@restaurant-zum-lamm.de
www.restaurant-zum-lamm.de
Öffnungszeiten: Mo.–Fr. ab 17 Uhr,
Sa., So. und an Feiertagen 11.30–14
und ab 17 Uhr, Di. Ruhetag
Uriger Landgasthof mit günstigen
Zimmern.
Preiskategorie: €

GROSSKARLBACH

Restaurant Karlbacher
Hauptstraße 57
D-67229 Großkarlbach
Tel. +49 (0)62 38/37 37
Fax +49 (0)62 38/45 35
E-Mail: info@karlbacher.de
www.karlbacher.de
Öffnungszeiten: Mo., Mi.–Fr. 12–14
und 18–22 Uhr, Sa. und So. 12–22
Uhr, Di. geschlossen
Zünftig speisen im denkmalge-
schützten Haus mit hervorragenden
regionalen Weine.
Preiskategorie: €€

Restaurant Meurer
Hauptstraße 67
D-67229 Großkarlbach
Tel. +49 (0)62 38/6 78
Fax +49 (0)62 38/10 07
E-Mail: info@restaurant-meurer.de
www.restaurant-meurer.de
Öffnungszeiten: täglich 12–24 Uhr,
So. 11.30–14 Uhr
Kulinarisches Kleinod in stilvollem
Ambiente, gemütliche Zimmer.
Preiskategorie: €€

HERXHEIM

Hotel Restaurant Zur Krone
Hauptstraße 62–64
D-76863 Herxheim-Hayna
Tel. +49 (0)72 76/50 80
Fax +49 (0)72 76/5 08 14
E-Mail: info@hotelkrone.de
www.hotelkrone.de
Öffnungszeiten: Kronenrestaurant:
Mi.–So. 10–21 Uhr
Pfälzer Stube: täglich 12–14 Uhr
und ab 18 Uhr, Di. Ruhetag
Die Top-Adresse in der Pfalz: Im
Kronenrestaurant wartet eine sehr
raffinierte Gourmet-Küche, in den
Pfälzer Stuben geht es gehoben-
rustikal zu. Marathon-Läufer Karl-
Emil Kuntz serviert am liebsten
Marathon-Menus, wofür man Mara-
thon-Zeit und Hunger mitbringen
sollte! Im Sommer sitzt man im idyl-
lischen Hof. Die Auswahl an Pfälzer
Weine ist erstklassig.
Preiskategorie: €€€

KALLSTADT

Weinhaus Henninger
Weinstraße 93
D-67169 Kallstadt
Tel. +49 (0)63 22/22 77
Fax +49 (0)63 22/6 28 61
E-Mail:
info@weinhaus-henninger.de
www.weinhaus-henninger.de
Öffnungszeiten: täglich 12–24 Uhr,
Mo. Ruhetag, So. bis 22 Uhr
Handfeste Originalrezepte in länd-
lich-noblem Ambiente, uriges Haus,
in dem die Zeit stillzustehen
scheint.
Preiskategorie: €€

Weinkastell Zum Weißen Ross
Weinstraße 80/82
D-67169 Kallstadt
Tel. +49 (0)63 22/50 33
Fax +49 (0)63 22/6 60 91
E-Mail:
weinkastell-kohnke@t-online.de
www.weinkastell-kohnke.de
Öffnungszeiten: täglich mittags ab
12 Uhr (Küche bis 13.30 Uhr),
abends ab 18 Uhr (Küche bis 20.30
Uhr), Mo. und Di. Ruhetag
Einer der renommiertesten Wein-
betriebe der Pfalz, mit typisch pfälzi-
scher Küche. Berühmt für den
harmonischen Riesling. In den kom-
fortabel eingerichteten Zimmern
lässt es sich prima träumen.
Preiskategorie: €€

LANDAU

Gasthaus Fünf Bäuerlein
Theaterstraße 2
D-67829 Landau
Tel. +49 (0)63 41/2 07 46
Fax +49 (0)63 41/2 07 46
www.fuenf-winzer.de
Öffnungszeiten: Mo. ab 17 Uhr,
Di.–Fr. 11.30–14.30 und ab 17 Uhr,
Sa. 10.30–15 Uhr, So. Ruhetag
Kleine und feine Weinstube mit
einigen der besten Weine der
Region, vor allem jenen der Eigen-
tümer – der Freunde Karlheinz

Wehrheim, Hans-Jörg Rebholz,
Gunter und Rainer Keßler, Friedrich
Becker und Thomas Siegrist.
Preiskategorie: €

Weinkontor Mörzheim
Mörzheimer Haupstraße 18
D-76829 Landau-Mörzheim
Tel. +49 (0)63 41/94 54 85
E-Mail: kontakt@weinkontor-
moerzheim.de
www.weinkontor-moerzheim.de
Öffnungszeiten: Mo.–Fr. ab 17 Uhr,
Sa. ab 16 Uhr, So. ab 12 Uhr, Di.
und Do. Ruhetag
Preiskategorie: €€

Weinstube Zur Blum
im Frank-Loebschen-Haus
Kaufhausgasse 9
D-76829 Landau
Tel. +49 (0)63 41/89 76 41
E-Mail: kontakt@zurblum.de
www.zurblum.de
Öffnungszeiten: Di.–Sa. 12–14 Uhr,
18–24 Uhr, So. 17–21 Uhr
Das Gasthaus Zur Blum besteht
seit dem 17. Jahrhundert, die Küche
ist bodenständig mit saisonalen,
hochwertigen und frischen Rohpro-
dukten aus regionalen Betrieben.
Preiskategorie: €€

LAUMERSHEIM

Gasthaus Zum Weißen Lamm
Hauptstrasse 38
D-67229 Laumersheim
Tel. +49 62 38/92 91 43
Fax +49 62 38/92 67 16
E-Mail: mail@lamm-laumersheim.de
www.lamm-laumersheim.de
Öffnungszeiten: täglich ab 18 Uhr
(warme Küche bis 21.30 Uhr), Sa.
und So. von 12–14 und 18–21.30
Uhr, Di. und Mi. Ruhetag
Verfeinerte regionale und interna-
tionale Küche, beste Nordpfälzer
Weine.
Preiskategorie: €€

NEULEININGEN

Alte Pfarrey
Untergasse 54
D-67271 Neuleiningen
Tel. +49 (0)63 59/8 60 66
Fax +49 (0)63 59/8 60 60
E-Mail: info@altepfarrey.de
www.altepfarrey.de
Öffnungszeiten: Restaurant täglich
von 12–13.30 und 18.30–21.30, Di.
und Mi. Ruhetag
Kulinarisches Juwel und kleines,
feines Hotel.
Preiskategorie: €€

NEUSTADT

Weinstube Eselsburg
Kurpfalzstraße 62
D-67435 Neustadt-Mußbach
Tel. +49 (0)63 21/6 69 84
Fax +49 (0)63 21/6 09 19
E-Mail: ueberschaer@Eselsburg.de
www.eselsburg.de
Öffnungszeiten: Mi.–So. ab 17 Uhr
Urgemütliches Kuriositätenkabinett.
Eine Institution unter Pfälzer
Winzern und seit Sommer 2008
unter neuer Leitung.
Preiskategorie: €

Weinstube Kommerzienrat
Loblocher Straße 34
D-67435 Neustadt-Gimmeldingen
Tel. +49 (0)63 21/6 82 00
Fax +49 (0)63 21/6 79 03 31
E-Mail: kommerzienrat@gmx.de
www.weinstube-kommerzienrat.de
Öffnungszeiten: täglich 18–21.30
Uhr, Do. Ruhetag
Pfälzer Küche in familiärer Atmo-
sphäre, 250 Pfälzer Weinen stehen
250 Nicht-Pfälzer aus der ganzen
Welt gegenüber.
Preiskategorie: €€

Weinhaus Mundus Vini
Marktplatz 4
D-67433 Neustadt
Tel. +49 (0)63 21/39 00 83
Fax +49 (0)63 21/3 90 08 50
E-Mail:
dasweinhaus@mv-vinothek.de
www.mv-vinothek.de
Öffnungszeiten: Mo.–Fr. 11–23
Uhr, Sa. 10–23 Uhr, Küche von
11.30–14 und 17.30–22 Uhr,
So. Ruhetag
Tolle Weinbar und kleines feines
Restaurant.
Preiskategorie: €€

Netts Restaurant Weinstube
Im Weingut A. Christmann
Peter-Koch-Straße 43
D-67435 Neustadt-Gimmeldingen
Tel. +49 (0)63 21/6 01 75
Fax +49 (0)63 21/6 01 75
E-Mail: nett@nettsrestaurant.de
www.nettsrestaurant.de
Öffnungszeiten: Di. ab 18 Uhr, Mi.-
Sa. ab 17 Uhr, So., Mo. Ruhetag
Entspannte Atmosphäre, Pfälzer
Küche der leichten, modernen Art,
tolles Angebot regionaler Spitzen-
weine.
Preiskategorie: €€

PLEISWEILER

Reuters Holzappel
Hauptstraße 11
D-76889 Pleisweiler-Oberhofen
Tel. +49 (0)63 43/42 45
Fax +40 (0)63 43/93 17 59
E-Mail: info@Reuters-Holzappel.de
Öffnungszeiten: täglich ab 17 Uhr,
So. und feiertags auch 12–15
Ruhetage: Mo. (April bis Oktober),
Mo. und Di. (November bis März)
Preiskategorie: €

REGISTER
WEINGÜTER, RESTAURANTS
UND HOTELS

Weingut Acham-Magin 49
Weingut Ackermann 30
Alte Pfarrey 95
Sektkellerei Andres & Mugler 14
Hotel Annaberg 93
Weingut Bärenhof 90
Weingut Bassermann-Jordan 48
Weingut Friedrich Becker 24
Weingut Benderhof 90
Benzinger – Weingut im
   Leiningerhof 90
Weingut Bergdolt 37
Wein- und Sektgut Bernhart 27
Weingut Bohnenstiel 90
Weingut Reichsrat von Buhl 48
Weinstube Brand
Weingut Dr. Bürklin-Wolf 47
Weingut Castel Peter 67
Weingut A. Christmann 43
Hotel Deidesheimer Hof 93
Weingut Dr. Deinhard 51
Weingut Dengler-Seyler 31
Weinstube Eselsburg 95
Weingut Fitz-Ritter 79
Freinsheimer Hof 94
Restaurant Freundstück im
   Ketschauer Hof 93
Hotel Fronmühle 93
Gasthaus Fünf Bäuerlein 94
Weingut Karl Heinz Gaul 90
Weingut Matthias Gaul 90
Weingut Gies-Düppel 20
Weinhaus Henninger 94
Weingut Walter Hensel 68
Weingut Heußler 30
Weingut Horcher 90

Wein- und Sektgut
   Immengartenhof 30
Restaurant Karlbacher 94
Käsbüro Weinstube &
   Restaurant 93
Weingut Knipser 74
Weingut Koehler-Ruprecht 70
Weingut Bernhard Koch 91
Weinstube Kommerzienrat 95
Weingut Kranz 32
Weingut Philipp Kuhn 84
Kurparkhotel 93
Weingut Jürgen Leiner 32
Weingut Lindenhof Eugen
   Spindler 49
Weingut Lucashof 91
Luther Hotel & Restaurant 94
Weingut Meßmer 37
Restaurant Meurer 94
Stiftsweingut Frank Meyer 91
Weingut Theo Minges 34
Weingut Georg Mosbacher 49
Weinkontor Mörzheim 95
Weingut Müller-Catoir 41
Weinhaus Mundus Vini 95
Weingut Münzberg 27
Weingut Ludi Neiss 91
Netts Restaurant Weinstube 95
Weingut Odinstal 53
Weingut Ökonomierat
   Rebholz 15
Weingut Rolf und Tina
   Pfaffmann 34
Weingut Pfeffingen-Fuhrmann-
   Eymael 80

Weingut Jakob Pfleger 84
Weingut Porzelt 30
Reuters Holzappel 95
Weingut Rings 91
Weingut Karl Schaefer 78
Weingut Schenk-Siebert 92
Weinhof Scheu 31
Weingut Egon Schmitt 77
Weingut Klaus Schneider 62
Weingut Schumacher
Schwarzer Hahn im Deidesheimer
   Hof 93
Weingut Siegrist 24
Weingut Siener 20
Weingut Siener-Dr.Wettstein 20
Weingut Heinrich Spindler 49
Weingut Stachel 92
Weingut Ullrichshof 30
Weingut Wageck-Pfaffmann 92
Weingut Weegmüller 39
Weingut Wegner 92
Weingut Dr. Wehrheim 15
Wein- und Sektgut Wilhelms-
   hof 14
Weingut Wolf 92
Weingut J. L. Wolf 51
Weingut Zelt 92
Weingut August Ziegler 34
Hotel Restaurant Zur Krone 94
Weinstube Zur Blum 95
Landgasthof Zum Lamm 94
Gasthaus Zum Weißen Lamm 95
Weinkastell Zum Weißen Ross 94
Gasthaus Zur Kanne 93